우수 인재
채용전략과
노무관리

인재 채용의 시작에서 마무리까지 전체 흐름을 한눈에

우수 인재 채용전략과 노무관리

제1판 제1쇄 인쇄 2021년 03월 15일
제1판 제1쇄 발행 2021년 03월 25일

지은이 이민석 **펴낸이** 조헌성 **펴낸곳** (주)미래와경영
ISBN 978-89-6287-219-4 13320 값 16,000원
출판등록 2000년 03월 24일 제25100-2006-000040호
주소 (08590) 서울특별시 금천구 가산디지털1로 84, 에이스하이엔드타워 8차 1106호
전화번호 02) 837-1107 **팩스번호** 02) 837-1108
홈페이지 www.fmbook.com **이메일** fmbook@naver.com

■ 좋은 책은 독자와 함께합니다.
책으로 펴내고 싶은 소중한 경험이나 지식, 아이디어를 이메일 fmbook@naver.com으로 보내주세요.
(주)미래와경영은 언제나 여러분께 열려 있습니다.

인재 채용의 시작에서 마무리까지 전체 흐름을 한눈에

우수 인재 채용전략과 노무관리

이민석 지음

미래와경영

2020년 코로나19로 인해 모든 생활 방식이 언택트로 전환되고 직장에서도 일하는 방식에 대변환이 시작되었다. 마이크로소프트 CEO 사티아 나델라는 "코로나가 2년이 걸릴 디지털 변화를 2개월 만에 변화시켰다."라고 하였다.

전 세계적인 감염 공포는 HR에도 많은 변화를 가져왔다. 채용 플랫폼 사람인이 유연근무제 실시 현황을 조사한 결과, 전체의 36%가 시행 중이라고 하였는데 2017년 17%, 2018년 23%와 비교하여 큰 폭으로 늘어났다.

한국경영자총협회에서 매출 100대 기업을 대상으로 재택근무 현황을 조사한 결과, 사무직은 88.4%가 시행 중이며, 대면접촉이 많은 채용 분야에서 자의반 타의반으로 언택트 시스템을 도입한 회사가 많이 늘어났다. 코로나19 영향으로 채용이 많이 보류되었지만 이런 위기일수록 우수 인재를 채용하기 위한 노력은 과감하게 계속되어질 것으로 보인다.

인재는 크게 네 가지 유형으로 구분할 수 있다. 조직에서 능력이 미확인된 인재(人材), 조직에서 있으나 마나한 존재론적인 인재(人在), 조직에 해를 끼치는 인재(人災), 조직에서 꼭 필요한 인재(人財)로 우리가 원하는 인재는 마지막 '인재(人財)'라고 할 수 있다.

인재(人財)를 채용해서 회사에 어려운 문제를 해결하거나 뛰어난 성과를 보여 준 경우 그 카타르시스Catharsis는 이루 말 할 수 없는데, 그 맛(?)을 한번 보게 되면 왜 그렇게 수많은 CEO들이 인재(人財)를 외쳐대는지 알 수 있다.

安危在出令 안위재출령

存亡在所用 존망재소용

사마천은 "한 나라에 있어 안정과 위기는 어떤 정책을 입안하는지에 달려 있고(안위재출령), 존망은 어떤 사람을 중용하느냐에 달려 있다(존망재소용)."고 하였다. 이는 비단 국가뿐만 아니라 기업에도 해당된다.

인사에서 가장 중요한 것은 채용이다. 채용을 잘못하면 해고하기도 어렵기 때문에 모든 회사가 채용 단계에서 우수 인재를 뽑기 위한 전사적인 노력을 기울여야 한다.

미국 경영학자인 피터 드러커의 말을 잠시 빌리면, 좋은 인재를 채용하기 위해서는 인사 담당자가 잘하는 것만으로는 충분하지 않다. 그리고 훌륭해야 한다. 훌륭하기 위해서는 잘해야 한다.

이 책은 채용에 대한 생각과 방법 그리고 최근의 언택트 채용 방식을 고민해서 나온 것으로, 실무자뿐만 아니라 구직자에게도 큰 도움이 될 것이다. 인재를 채용하기 위해 과거에서부터 현재까지와 약간의 미래를 다룬 것으로 전체적인 채용 흐름을 알 수 있다. 또한 채용의 시작에서 마무리까지 전체적인 흐름을 알 수 있어 중소 회사의 채용 담당자에게 작게나마 도움이 될 것이다.

이민석

CONTENTS

PART 02
인재 채용 트렌드

PART 03
국내 기업들의 인재 채용 실태 및 현황

PART 04
언택트시대와 데이터 과학

PART 05
리쿠르터의 자질과 역할

PART 06
채용 광고의 주의점

PART 07
입사지원서 및 자기소개서

PART 08
인·적성검사

PART 09
역량 중심의 채용전략과 면접기법

PART 10
채용 관련 노무관리

PART 11
채용 노무관리 FAQ

PART 01

인재 채용의 중요성과 환경 변화

글로벌은 여전히 인재쟁탈전

오늘날 기업들은 우수한 인재를 확보하려고 치열하게 경쟁하고 있는데, 인재를 얻기 위해 신생기업 전체를 통째로 인수하는 회사를 보면 인재가 정말 충분하지 않다는 것을 알 수가 있다.

1997년 세계적인 컨설팅업체인 맥킨지 앤 컴퍼니McKinsey & Company가 처음으로 '인재전쟁(The War for Talent)'이란 개념을 소개한 지 24년이 지났다. 오랜 시간이 지났음에도 그 당시 연구는 지금도 우리에게 많은 시사점을 주고 있다.

한마디로 맥킨지는 '최고의 인재를 확보'하는 능력 여하에 따라 '기업의 성공' 여부가 달려 있다고 보았다. 즉, 사람은 기업이 가진 주요 자산으로 평가받아야 하며, 뛰어난 인재를 확보하고 유지하는 기업은 경쟁 회사보다 더 높은 수익을 기대할 수 있다고 본 것이다. 지금은 대체로 알고 있는 흔한 내용이 돼버렸음에도 불구하고 그때나 지금이나 별로 나아진 것처럼 보이진 않는다. 그만큼 유능한 인재를 발굴·육성·유지하는 것은 대다수 기업에게 어려운 과제이기 때문이다.

미국의 HR 전문가인 조시 버신josh bersin은 'New War for Talent' 시대가 도래할 것이라고 예측했다. 경제 생산성은 기록적으로 높고 일자리수가 1년 전과 비슷해서 인력에 대한 엄청난 수요가 있을 것이라면서 앞으로 모든 부문에서 인재를 놓고 경쟁하게 될 것이라고 말했다.

〈인재망상Talent Delusion〉의 저자 토마스 차모로-프레무지치Tomas Chamorro-Premuzic 교수에 의하면 구성원의 상위 20%가 전체 성과의 90%를 달성하게 되며, 상위 20%를 제외한 나머지 80% 인력에 대한 투자비용(ROI)은 낮은 성과를 도출한다고 주장하였다. 또한 피터 드러커Peter Ferdinand Drucker 는 미래에 조직의 성공을 결정짓는 가장 중요하고 유일한 요소는 '최고의 인재를 유치'하고 그들을 '붙잡아 두는 것'이라고 하였다.

애플Apple Inc. 의 창립자였던 스티브 잡스Steven Paul Jobs는 자신이 하는 일에서 가장 중요한 일이 '채용'이라고 말할 정도로 그에 지대한 관심을 가졌던 인물 중에 한 명이었다. 그의 인재 철학은 창의적이고 지독하게 똑똑하며 열정적인 약간은 반항적인 사람들을 영입하는 것이었다. 회사 초창기에 잡스가 직접 직원을 채용할 때 매킨토시를 덮은 천을 벗기며 지원자의 반응을 관찰하여, 지원자가 호기심 어린 눈으로 매킨토시를 만지작거리면 그때 비로소 합격을 시킨 일화는 여전히 회자되고 있다.

사업은 사람이 전부다

"여러분 회사에서 면접을 보는데,
실력이 동등한 후보자가 2명이 있고
1명만 뽑아야 한다면 누구를 뽑겠는가?"

파나소닉Panasonic Corporation 창업자인 마쓰시타 고노스케松下幸之助는 이럴 때 '운이 좋은 사람'을 채용한다고 말했다. 그는 러일전쟁의 승리를 이끈 사령관이었던 '도고 헤이하치로東鄕平八郞'의 지명 배경을 소개하였다. 도고 헤이하치로는 평범한 사람이었는데, 해군 사령관으로 발탁된 배경에 대해 해군 대신은 자신이 도고를 해군 사령관으로 임명한 것은 후보자 중에서 그가 '가장 좋은 운을 가졌다고 보았기 때문'이라고 하였다. 요즘 기준으로 국가의 운명을 가르는 전쟁에서 사령관 임명의 기준을 단지 운이 좋은 사람으로 선택했다는 것은 언론과 국민의 비웃음을 받았을 것이다.

그러나 이런 일화는 역사에서 심심치 않게 찾아볼 수 있는데, 예를 들면 미국 남북전쟁을 이끈 그랜트 장군이 있다. 에이브러햄 링컨이 그랜트를 북군 총사령관으로 임명할 때에 주변 참모 및 언론의 반응은 쌀쌀했다. 왜냐하면 육군사관학교를 겨우 졸업했고 거기다 음주벽이 있는 군인이었기 때문이다. 그럼에도 불구하고 링컨이 주변의 반대를 무릅쓰고 발탁한 것은 연합군 장군 가운데 그만이 언제나 작전을 계획대로 세우고 전쟁에 나가서 승리를 했기 때문이다. 링컨이 그랜트를 사령관으로 지명한 판단기준은 전쟁터에서 승리가 담보된 검증된 능력이었다. 만일, 술을 안 마시는 장군을 선택했다면 그랜트는 사령관이 되지 않았을 것이고, 남북전쟁의 결과는 알 수 없었을 것이다. 링컨은 이렇게 누군가에게 어떤 단점이 있는가를 본 것이 아니라 어떤 장점을 가졌는가를 판단하였다.

피터 드러커Peter Ferdinand Drucker는 "다재다능한 사람들로 조직을 구성하면 무능한 조직까지는 아니어도 평범한 조직밖에 만들지 못하며, 커다란 장점을 가진 사람은 언제나 커다란 단점도 지니고 있다."고 말했다. 따라서 한 가지 중요한 분야에서 우수한 능력을 가진 사람을 찾아야지 모든 것을 다 잘하는 다재다능한 사람을 찾아서는 안 된다고 하였다. 즉, 아무도 손가락 하나만을 고용할 수는 없는데, 그것은 손가락과 함께 그 사람의 몸통 전체가 따라오기 때문이다. 사람은 장점만을 가지고 있을 수는 없기 때문에 그 장점과 함께 단점이 늘 따라다닌다는 것을 명심해야 한다는 것이다.

사람을 구하는 것과 그 쓰임새에 따라 비즈니스의 성패가 결정된다. 그래서 "사업은 사람이 전부다."라고 말한 마쓰시타 고노스케는 누구나 장·단점이 있기 때문에 단점보다 장점을 보는 것이 훨씬 이롭다고 하였다. 즉, 사람을 판단할 때 장점을 60% 비율로 보는 것이 적정하다는 것이다. 특히, 평소 건강이 좋지 않았던 마쓰시타는 사람을 판단하는 기준이 70% 정도였다고 한다. 그렇기에 권한위양과 함께 과감하게 인재를 적재적소에 배치할 수 있었고, 이러한 노력들이 그가 일본 패망 후 경제 복구 과정에서 성공할 수 있었던 요인이었다.

잭 웰치도 어려워한 채용

중성자 폭탄이라는 별명을 가졌던 잭 웰치Jack Welch는 제너럴 일렉트릭GE에 40년간 재직하면서 많은 성과를 내고 2001년 퇴직 후 15년간 세계를 돌며 100만여 명을 상대로 강연과 다양한 기업에 컨설팅을 하면서 자신의 비즈니스 노하우를 전수하였다.

잭 웰치는 채용이 왜 어려운가에 대해 두 가지 이유를 들어 설명하였다.

첫 번째는 채용 면접에서 말솜씨가 뛰어나거나 청산유수처럼 대답은 잘하는데, 실무를 시켜보면 능력이 부족한 경우가 많기 때문이라고 하였다. 두 번째로 해당 부서에서 면접관이었던 실무자(관리자)가 지원자의 결격 사유를 미처 발견하지 못해서 잘못 채용한 경우와 실제로 실무에 필요한 능력이 아닌데, 다른 분야의 능력을 가진 직원을 채용한 경우라고 하였다.

특히, 그는 자신의 경험에 비추어 외부에서 인재를 데려와서 내부에서 잘 정착한 비율이 60%를 넘으면 채용의 귀재라고 하였다. 그만큼 회사에 적합한 인재 채용은 무척 어렵기 때문에 채용에서 스트레스를 받지 말고 차라리 잘못 채용한 직원을 빨리 정리하라고 하였다.

사람은 고쳐 쓰는 게 아니라 골라 쓰는 것이다

오늘날 선발(채용)은 전략적 인적자원관리 중에서 가장 큰 이슈로 떠오르면서 인재를 어떻게 선발, 채용하느냐에 따라 회사 및 조직운영에 중요한 영향을 미치게 되었다.

기업 경영에서 인재의 중요성은 아무리 강조해도 지나치지 않은데, 어떻게 해야 우수한 인재를 확보할 수 있는지에 대한 대답은 쉽지 않다. 따라서 인재 경영을 하기 위해서는 기본적인 인재에 대한 정의와 조직에 맞는 인재의 정의를 명확히 내리고, 적합한 인재를 선발하기 위한 구체적인 채용 절차를 확립하는 것이 필요하다.

대부분 기업에서 입사지원자를 대상으로 선발에 대한 의사결정을 할 때 지원자의 과거 경력 등을 종합적으로 평가하지만 주로 시험과 면접을 많이 사용하고 있다. 특히 모집과 선발은 그 과정에서 비용과 시간이 들고, 일단 채용하면 쉽게 해고할 수 없기 때문에 아주 중요하다. 뿐만 아니라 우리나라는 고용시장의 경직성으로 해고가 어렵기 때문에 채용 한 번 잘못하면 그 피해가 금전적으로 환산할 수 없을 정도로 크다.

사람은 쉽게 변하지 않아서 교육으로도 개조시키지 못하기 때문에 처음부터 채용을 잘하는 것이 무엇보다 중요하며, 그렇기 때문에 인사업무에서 가장 중요한 것이 바로 '채용'이다. 첫 단추를 잘못 끼면 그다음부터는 되돌릴 수 없기 때문이다. 오죽하면 아마존Amazon에 인수된 자포스Zappos의 경우 잘못된 채용으로 인한 부작용을 막기 위해 자진퇴사하면 최대 5천 달러를 지급한다는 고육지책을 내놨다. 그래서 필자는 '사람은 고쳐 쓰는 게 아니라 골라 쓰는 것'이라고 말하는 것이다.

채용에 실패하는 이유

채용 후 조기퇴사자가 발생하면 모집과 선발, 직무교육에 소요된 비용을 손실보게 된다. 더 큰 문제는 잘못 채용해서 회사에 피해를 끼친 경우인데, 이런 경우에는 당사자가 권고사직을 받아들이지 않는 한 함부로 해고도 할 수 없다.

일반적으로 이직 원인을 통계적으로 분석해보면 다음과 같다.

<근속기간에 따른 퇴사 사유 분류>

퇴사자 근속기간	퇴사 사유
1개월 미만	채용 단계에서 면접 검증 실패
1개월~3개월 미만	직무 및 주변 동료 직원
3개월~1년 미만	해당 부서의 분위기(팀워크 등)
1년 이상	승진, 능력개발 기회 등 회사 전반

입사 전에 어느 정도 협의가 되는 보수 등은 제외하였기 때문에 기업마다 복잡한 상황을 적용하지 않고 단순화, 일반화시킨 경우로 퇴사 사유를 한눈에 알아볼 수 있다. 따라서 퇴사한 정확한 사유를 알고 싶으면 지난 5년 동안의 퇴사

자를 분석해서 그 회사만의 채용에 실패한 고유한 원인을 찾아야 한다. 물론 그 동안 퇴사자 면담기록부를 차근차근 준비해놨어야 한다.

채용에 실패한 사례

피터 드러커는 채용에 5분밖에 시간을 사용하지 않는다면 잘못 채용된 사람으로 인하여 5,000시간을 사용하게 될 것이라고 말했는데, 이는 그만큼 채용의 중요성을 강조한 것이다. 또한 아마존의 창립자 제프 베조스Jeff Bezos는 회사가 이렇게 발전할 수 있었던 것은 '채용의 단계 및 수준을 꾸준히 업그레이드하면서 직무에 적합한 최고의 인재를 채용한 것'이라고 말했다.

사례 1

IT업체 A사는 해외사업을 몇 년째 벌이고 있지만 마땅한 성과를 못 내고 있다. 회사 대표는 해외출장 중 아시아 출신 외국인을 만났는데, 회사에 대한 적극적인 관심과 의지가 마음에 들어 현지에서 직접 채용을 했다. 그때부터 문제의 발단이 시작되었다.

이 회사는 해외 비즈니스를 위해 외국인 2~3명이 이미 근무 중인 상태였고, 해외 프로젝트를 수주하기 위해 사방팔방 뛰어다니고 있었기에 시기상 잘 맞아떨어졌다. 현지 채용한 외국인의 업무는 글로벌 비즈니스에서 회사 제품의 특장점 등에 대한 Pre-Sales를 수행하며, 고객사에 적극적으로 사업 관련 자료를 제공하고 시장의 니즈 또는 트렌드를 리서치해 회사에 공유하는 것이었다.

그러나 입사 후 1년차에 잘못된 만남이란 것을 알았음에도 불구하고 대표는 그 외국인에 대한 꾸준한 사랑 때문에 3년간을 더 근무하게 되면서 회사에 유·무형의 손실을 끼치게 된다. 첫 번째, 해외영업을 1년 6개월 하면서 실질적으로 진행된 건이 없었고, 그동안 보고한 해외영업 현황자료들도 실제 현장을 방문해 조사해보니 허수임이 들통 났다. 두 번째, 새로운 직원이 회사에 입사하면 그 직원을 만나서 회사의 나쁜 점과 부정적인 정보를 수없이 얘기하며 최대한 빨리 퇴사하는 것이 좋을 것이라는 등 조직 내 질서를 어지럽히고 다녔다. 거기다 만약 회사가 자기를 퇴사시키면 회사의 약점을 잡아서 익명으로 인터넷에 배포한다는 등 회사 채용에 악영향을 줄 것이라는 말을 주변에 공공연하게 떠벌리고 다녔다.

그리고 세 번째, 해외업체와 BC/DR(Business Continuity and Disaster Recover Plan)을 진행해야 하는데, 본인은 자기 능력 밖이라며 못하겠다는 등 차일피일 미루게 되면서 사업에 차질을 빚었다. 항상 처음에는 모든 업무를 잘할 수 있다고 자신만만해 하면서 프로젝트 막판에는 이런저런 핑계를 대면서 못하겠다며 업무를 거부하거나 무책임하게 다른 직원에게 떠넘기는 식으로 빠져나갔다. 네 번째, 직속상사가 지시한 일일업무보고도 제출하지 않고 인사권자가 지시한 주간업무도 당신이 작성하면 자신도 작성하겠다는 식으로 인사권자의 정당한 직무명령도 거부하였다.

결국, 징계해고 직전까지 가게 되었고 3년간 근무하면서 회사가 지원한 임차료, 해외출장비, 해외인력인건비, 본인인건비 등 성과도 없었는데 인센티브까지 포함해서 총 3억원의 직접적인 손실을 끼쳤으며, 간접적인 손실까지 감안하면 그 피해는 상당하였다.

사례 2

제약바이오 회사인 B사는 수도권 외곽에 본사와 공장이 있어서 주변이 논밭인 전형적인 시골에 위치한 회사이다. 상장사이면서 영업이익도 안정적이었음에도 불구하고 이 회사는 인력 채용에 있어서 항상 어려움을 겪었다. 젊은 인력을 채용하는 데 실패했던 이유는 회사가 시골에 있어 인근 도시에서 회사까지 출·퇴근 소요시간이 상당히 많이 걸렸기 때문이다. 단체 기숙사도 공장 옆에 위치하고 있어 일과 생활의 경계가 모호하다 보니 입·퇴사가 빈번해졌다. 뿐만 아니라 회식을 하려면 인근 시내로 차를 타고 나가야만 가능하였으니 일만 하는 개미로 사는 이들의 안타까운 사정을 아무도 해결해 주지 않았다.

문제는 지리적인 위치가 젊은 인재들을 구인하기가 쉽지 않음에도 불구하고 이 회사 대표는 투자를 하지 않고 인력 채용을 쉽게 할 수 있는 방법만을 찾고 있었다는 것이다.

회사가 돈이 없는 것도 아니고 영업이익률이 꽤 높은 편인데도 투자에는 인색하였던 것이다. 최근 이 회사는 몇 년 사이 경쟁업체의 제품이 생기고 시장환경의 변화로 과거의 독점적 이익을 누리지 못하게 되면서 주가와 영업이익이 반토막 나는 불운까지 겪었다.

사례 3

수도권에 위치한 의료기기 제조업체인 F사는 탄탄한 재무구조를 가진 중견기업으로 인사 임원이 별도로 있을 정도로 인재 채용에 관심을 가지고 있었다. 이 회사의 이직률은 동종업계 대비 높은 편인데, 퇴사자가 입사자의 1.7배에 이르며 업력이 20년이 넘은 회사임에도 불구하고 평균 근속년수가 5년이 안 될 정도로 매우 짧았다.

거기다 회사의 재무 상태가 어렵지도 않은데 인위적으로 매년 일정 비율을 정리해고로 내보내고 있었다. 이처럼 아무리 뛰어난 인재를 채용해도 경력직과 주니어의 잦은 이직으로 인해 그들을 유지하지 못하면 회사의 인재관리는 형편이 없는 것이다.

채용 실패의 극복 사례

사례 1

지방에 위치한 제조업체 C사는 발전설비와 제철설비를 생산하고 있다. 본사가 시골에 있음에도 불구하고 대기업 이상의 고임금 정책을 유지하고 있으며, 높은 복지 수준으로 인해 입사 경쟁률이 치열하다. 회사 위치는 주변이 논밭과 야산인데다 가까운 도시까지 고속도로로 1시간 거리에 있어 사원 모집에 절대적으로 불리한 지리적 여건을 갖추고 있었다. 그럼에도 불구하고 구직자들 사이에 인기가 높은 것은 이 회사 대표의 인재철학에 있다고 할 수 있다. '우수 인재를 영입해야 회사가 클 수 있다는 신념으로 투자를 아끼지 않고 있다.'고 말하는 부분에서 회사의 대표의 신념과 회사 옥상에 일반 직원들을 위한 골프장까지 운영하는 점은 남다르다.

사례 2

본사가 지방에 위치한 게임업체 D사는 파격적인 인사복지제도를 운영하고 있어서 구직자들 사이에서 인기가 높다. 물론 게임업체 대부분이 복리후생이 좋지만 차별적인 요소들이 눈에 띈다. 지방 환경에 적응을 돕기 위해 직원에게 아파트를 제공하고, 숙소와 회사를 오가는 셔틀버스를 무료로 운영하고 있을 정도로 주거에 대한 전폭적인 지원을 해주고 있다.

3년마다 최대 20일의 휴가와 최대 500만원의 휴가비를 지급하는 리프레시 휴가제도와 아이를 키우는 기혼자를 위한 국내 최고 수준의 어린이집을 운영하고 있다. 특히 어린이집은 직장보육지원센터 우수 보육 프로그램 공모전에서 대상을 수상한 아동 중심의 자연친화 어린이집으로 인정받아 넓은 규모를 자랑하고 있다. 지방이라는 지리학적 위치의 불리함을 극복한 대표적 사례라고 할 수 있다.

사례 3

데이터 마케팅 회사인 E사는 오랫동안 이 분야에서 입지를 다져온 탄탄한 회사이다. 사업특성상 인재가 사업의 향방을 좌우하기 때문에 항상 우수 인력을 유치하는 일에 목말라 있었다. 특히 복잡한 수치해석을 요하는 능력이 필요했기 때문에 적합한 인재를 찾기가 쉽지 않았다. 뛰어난 능력을 가진 인재를 유치하려고 해도 대기업이 아니라서 세간에 알려지지도 않은 회사에 취업하는 것을 주변에서 반대하는 경우가 다반사였다고 한다.

회사 대표는 고심 끝에 증권시장에 상장하는 쪽으로 결정을 내리고 스톡옵션까지 직원들에게 배분을 하는 등 복지에도 아낌없는 노력과 투자를 했다. 그전까지는 증권거래소 상장을 하면 투자자까지 신경을 써야 해서 기업 공개 생각이 전혀 없었다고 한다. 그런 노력 때문인지는 모르겠으나 이 회사는 몇 년 전에 비해 매출액 6배, 인원이 2배나 늘어나는 등 폭풍 성장을 하고 있다.

채용에 대한 관점의 변화

인재를 채용할 때 가장 중요한 것은 '후보자의 잠재성이 우수한가?'가 아니라 '성과를 이루어낼 수 있는가?'라고 할 수 있다. 피터 드러커도 채용 시 "그가 할 수 없는 것은 무엇인가가 아니라 조직에 어떤 공헌을 할 수 있는가?"라고 질문해야 한다고 말했다. 즉, 성과를 창출할 수 있거나 미래의 성과를 재현할 수 있는

채용에 실패한 회사의 특징	채용에 성공한 회사의 특징
과거의 기준에 의한 채용 • 특정 학교 출신이 몇 명 지원하는지 여부 • 해외 대학 및 스펙 위주의 채용 기준	**전문 면접관** • 면접관의 질문이 성과 중심 • 면접관의 능력 우수
채용 기업 위주의 안이한 사고방식 • 면접 후보자를 한참 기다리게 하는 회사 • 지원자는 얼마든지 많다는 생각	**고객 마인드 정신** • 존칭어 사용 및 고객 마인드
평판이 안 좋은 회사 • 소셜 커뮤니티에서 평판이 안 좋은 회사 • 면접 후기가 안 좋은 회사	**인재에 대한 기준과 아낌없는 투자** • 채용 기준에 대한 인재 파악 완료 • 인재에 대한 투자를 아끼지 않음
시대 흐름에 쫓아가는 회사 • 요즘 유행하는 기법에만 관심 있는 회사	**후보자에 대한 배려** • 첫인상과 회사 이미지 관리 신경

인재를 채용해야 하는 관점에서 접근해야 한다는 것이다.

우수 인재 채용에 성공한 기업이 되기 위해서는 철저한 고객 마인드와 면접관의 능력, 그리고 우수한 채용 프로세스의 정립이 함께 이루어져야 한다.

삼성 반도체 신화의 주역인 권오현 전 회장은 인재를 다양하게 선발하는 것이 중요하다고 했는데, 그 이유는 '호기심이 많은 사람이 최고의 인재'라는 것이다. 아울러, 처음부터 훌륭한 인재를 발굴하는 것은 쉬운 일이 아니라는 것을 인정하는 것이 무엇보다 중요하다고 말했다. 오마하의 현인 워런 버핏Warren Buffett은 누군가를 고용할 때 중요하게 보아야 하는 것은 '진실성, 총명함, 열정'이라면서, 이 세 가지 중에 한 가지라도 부족하면 회사(조직)를 망치게 할 것이라고 말했다.

IT 업계 회사들 중에 별도로 채용 전담 부서나 테크니컬 리크루터가 있는 경우가 있다. 그 이유는 업계의 특성상 이직도 많고, 뛰어난 인재가 곧 비즈니스의 성공과 직접 연결되기 때문이다.

물론 우수 인재를 채용했으면 유지·육성하는 것도 중요하기 때문에 하나만 잘해서는 안 된다. 분명한 것은 CEO가 그토록 인재를 원하는 것은 사업을 하면서 그 중요성을 깨달았기 때문인데, 고급 인재 니즈를 인사 담당자가 경험해보지 않았다면 지금이라도 관점을 변화시켜야 한다.

1인당 노동(채용)비용

최근 통계청에서 발표한 자료를 토대로 기업체에서 근로자 채용에 따른 회사 비용을 살펴보면 다음과 같다. 상용근로자 10인 이상 사업장의 근로자 1인당 인건비 총액은 월평균 5,341천원이며, 구성비용은 직접비용이 4,252천원, 간접비용이 1,090천원으로 80:20 비율인 것으로 나타났다.

- 직접비용(A) : 정액 및 초과급여, 상여금 및 성과금
- 간접비용(B) : 퇴직급여, 법정비용, 법정외 복지비용, 교육훈련비용, 채용 관련 비용

직원 1명을 채용하게 되면 다음 표에 따라 대략적으로 인건비를 추정할 수 있다. 회사마다 다르기 때문에 일률적으로 기준금액을 정할 수 없지만 참고자료로 활용하면 실제 비용은 이것보다 좀 더 높다.

1인당 월평균 인건비

기업 규모	인건비 총액(A+B)	직접비용(A)	간접비용(B)
10~29인	4,186천원	3,512천원(84%)	674천원(16%)
30~99인	4,390천원	3,595천원(82%)	795천원(18%)
100~299인	4,744천원	3,800천원(80%)	944천원(20%)
300~499인	4,868천원	3,961천원(81%)	908천원(19%)
500~999인	5,383천원	4,285천원(80%)	1,098천원(20%)
1,000인 이상	7,155천원	5,481천원(77%)	1,674천원(23%)

(출처 : 통계청)

국내 노동시장의 특징

국내 노동시장의 변화에 따른 주요 특징을 간략하게 요약하면 다음과 같다.

임금체계 유형 변화

국내 임금체계의 특징은 10년 전에 비해 많이 개선되면서 연봉제와 호봉제 비율이 역전되었다.

총괄(상용 100인 이상 사업체)

(단위 : %)

구분	2011.6	2012.6	2013.6	2014.6	2015.6	2016.6	2017.6	2018.6	2019.6	2020.6
호봉급	73.2	75.5	71.9	68.3	65.1	63.7	60.3	59.5	58.7	54.9
연봉제	64.8	66.7	66.2	72.2	74.5	75.3	74.7	76.9	77.3	77.3
성과배분제	39.0	39.9	38.4	36.3	41.7	39.9	34.8	34.9	35.3	34.8

- 호봉급 : 호봉·근속연수가 상승함에 따라 임금을 정하는 제도(연공급, 근속급 등)
- 연봉제 : 근로자 개인의 능력, 성과 등을 평가하여 그 개인의 임금 전부 또는 일부분을 연 단위로 결정하는 제도
- 성과배분제 : '기업, 사업장, 부서 단위'로 정해놓은 경영목표를 달성한 경우, 근로자들에게 현금, 주식 등의 형태로 사후에 배분하는 '집단적' 성과급 제고(개인별 성과 평가를 통한 배분은 아님)

(출처 : 고용노동부 사업체노동력조사 부가조사, 매년 6월 마지막 영업일 기준 조사)

평균 퇴직연령 및 근속기간의 감소

통계청의 「경제활동인구조사 고령층 부가조사 결과」를 보면, 가장 오래 근무한 일자리(55세~64세) 평균 근속기간은 15년 7개월로, 그만둘 당시 평균 연령은 49.4세로 나타났다. 정년 60세로 법적 연령이 높아졌음에도 불구하고 실제 퇴직연령은 정년에 훨씬 미치지 못하고 있다.

성별로 보면 남자는 평균 51.2세, 여자는 47.9세에 가장 오래 근무한 일자리를 그만두었으며, 평균근속기간은 남자는 19년 3개월, 여자는 11년 10개월로 나타났다.

주된 일자리[55~64세] 평균 퇴직연령

년도	2007	2008	2009	2010	2011	2012	2013	2014	2015	2016	2017	2018	2019	2020
평균 퇴직 연령	49.7	49.6	49.5	49.3	49.2	49.3	49.4	49.4	49.0	49.0	49.1	49.1	49.4	49.4

주된 일자리[55~64세] 평균 근속기간

년도	2007	2008	2009	2010	2011	2012	2013	2014	2015	2016	2017	2018	2019	2020
근속 기간 (년/개월)	17.0	17.0	17.0	16.5	16.6	16.4	15.1	15.4	14.1	14.1	15.3	15.5	15.6	15.7

(출처 : 통계청, 경제활동인구조사 고령층 부가조사 결과)

정년퇴직과 조기퇴직(권고사직, 명예퇴직, 정리해고)

연도별 정년퇴직과 조기퇴직(권고사직, 명예퇴직, 정리해고)의 인원수 변화

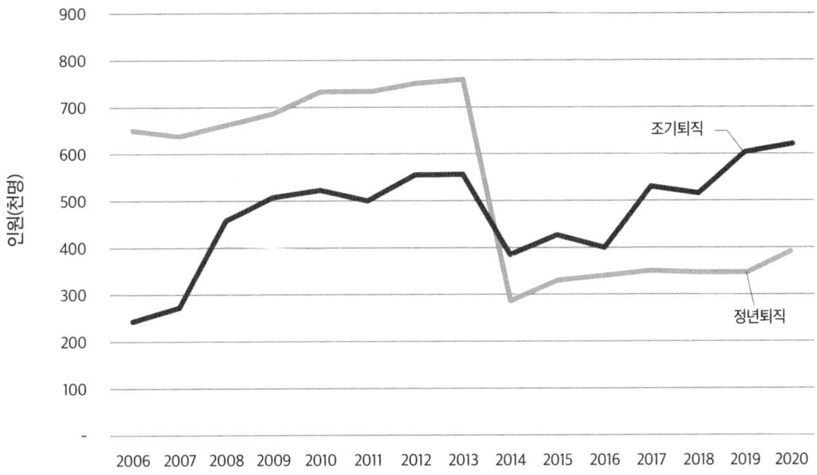

(단위: 천명)

년도	2007	2008	2009	2010	2011	2012	2013	2014	2015	2016	2017	2018	2019	2020
정년퇴직	637	665	691	735	737	755	762	291	330	347	354	345	350	392
조기퇴직	274	465	510	525	500	557	562	387	428	406	533	515	602	622

(출처 : 통계청, 경제활동인구조사 고령층 부가조사 결과)

위의 표에서 보듯이 가장 오래 근무한 일자리를 그만둔 정년퇴직자수는 2014년을 계기로 급격하게 감소하다가 최근에는 정체되고 있다.

반면에 조기퇴직자수는 증가하고 있다. 권고사직, 명예퇴직, 정리해고로 주된 직장에서 퇴직한 조기퇴직자수는 2014년을 계기로 정년퇴직자수보다 더 많아지게 되며, 2017년에 급격히 증가하였다(2017년 1월부터 300인 미만 사업장 정년 60세 의무화 적용으로 평균 퇴직연령이 약간 증가).

통계로 보는 이직 경험

기업에서 채용을 담당하는 사람들이 잘못 알고 있는 속성들이 있다. 예를 들면 미혼자들이 기혼자들보다 이직을 자주 한다는 논리, 기혼자들은 부양가족이 있으니 인내심을 가지고 오래 다닌다는 것과 미혼자는 다른 성향을 가진다는 그릇된 생각이다. 이러한 내용은 실제 인사 담당자들이 자주 접속하는 포털 게시판에 올라온 내용들이다.

인사 담당자는 따뜻한 가슴과 열린 생각을 가지고 있어야 한다. 사람을 대하는 직무를 하는 사람이 편협한 생각을 가지고 있으면 그 회사의 미래는 불을 보듯 뻔하다.

뿐만 아니라 사회 현상에도 귀를 기울여야 한다. 최근 1인 가구수가 왜 증가하고 있는지, 그리고 인구 구조의 변화가 회사에 어떤 영향을 끼칠지 사회 현상의 본질을 꿰뚫는 안목을 가져야 한다.

최근 통계청 자료를 토대로 이직 경험에 대한 몇 가지 흥미로운 사실을 살펴보면 다음과 같으며, 기업의 환경과 규모 등에 따라 달라질 수 있으니 단순 참고하면 된다.

이런 조건일수록 이직 경험이 많음	이런 조건일수록 이직 경험이 적음
• 여성보다 남성이 • 연령이 높을수록 • 근속기간이 3~5년일수록 • 미혼자보다는 기혼자일수록 • 동거가족이 많을수록 • 학력이 대학원 또는 고졸 이하일수록 • 사업장 규모가 20인 미만 또는 100인 이상일수록 • 업종이 제조업 또는 부동산업일수록 • 관리자급일수록 • 월평균연봉이 500만원 미만일수록	• 근속기간이 1년 미만 또는 10년 이상일수록 • 사업장 규모가 50인~100인 미만일수록 • 정규직일수록 • 업종이 금융·보험이거나 공기업일수록 • 월평균연봉이 500만원 이상일수록

노동투입의 변화

국내 노동시장에서 최근 몇 년 사이 노동투입량에 변화가 발생하였다. 이는 경제적·사회적 문화의 가치가 반영된 것으로 보이며, 그 변화는 앞으로도 기업 환경에 영향을 줄 것으로 보인다.

주52시간 도입으로 인한 근로시간 단축의 영향

근로기준법 개정으로 2018년 7월 1일부터 연장·휴일근로를 포함하여 최대 근로시간을 주52시간으로 단축하는 법률이 시행되었다. 개정 이유는 연장근로와 휴일근로 등 장시간 노동이 만연하여 일과 삶의 균형을 찾고 생산성 및 일자리 창출을 위해서였다. 그런데 근로자의 소득 감소, 중소기업의 열악한 경영 환경을 고려하여 기업 규모별로 단계적으로 시행하게 되었다.

2021년 1월부터는 그간의 계도기간이 종료되고 50인 이상 사업장부터 전면 시행하게 되었다. 다만, 5인 이상 50인 미만 사업장은 2021년 7월부터 적용된다.

최근 주52시간의 장·단점을 연구한 자료가 많이 나오면서 기업에 미치는 긍정적 영향을 나열하고 있지만, 근로시간 총량 규제를 기업 자율이 아닌 입법으로 다스리면서 여러 부작용이 나타나고 있다.

그래서 주52시간 상한제 적용으로 제조업의 타격이 불가피하게 되었다. 제조업 특성상 인력 규모 및 잔업 근무가 많아 고용 증가가 쉽지 않기 때문이다. 비수기와 성수기가 뚜렷한 업종이 아니면 탄력근무제도를 도입하는 것도 쉽지 않다. 특히 서비스업종 같은 경우에는 비수기와 성수기 예측이 어렵기 때문에 탄력근무제도가 맞지 않게 된다.

주52시간의 취지대로 많은 신규 채용이 이루어져야 하지만 당장은 법규와 현실의 괴리에 직면해 있다고 할 수 있다.

기업의 특성을 감안하면 생신투입량 대비 인건비를 더 늘릴 수 없기 때문에 생산량 보전을 위해 단축된 노동시간만큼 신규 채용이 이루어질지 미지수이다. 단축된 실노동시간만큼 임금총액의 감소를 근로자들이 수용해야 하는 어려움이 발생하기 때문이다. 특히 인력을 확보하고 유지하는 데 어려움이 많은 중소기업의 경우 그럴 가능성은 희박하다고 판단된다.

1인당 평균 노동시간 감소

우리나라 임금근로자의 연간 근로시간은 1,957시간으로 OECD 주요국 대비 높은 수준에 해당하여 장시간 근로를 하고 있는 것으로 나타났다. 1인당 평균 근로시간은 시대 흐름에 맞춰서 매년 조금씩 감소하고 있지만, OECD 국가들(총 1,726시간)과 비교해서 높은 수준을 유지하고 있다.

OECD 주요국의 임금근로자 연간근로시간

Country	2017	2018	2019	비고
Denmark	1,405	1,382	1,380	
Germany	1,391	1,390	1,386	
Netherlands	1,435	1,431	1,434	
Austria	1,498	1,502	1,501	
France	1,505	1,495	1,505	
United Kingdom	1,540	1,535	1,538	
Switzerland	1,570	1,561	1,557	
Slovenia	1,622	1,599	1,593	
Lithuania	1,627	1,634	1,635	
Japan	1,709	1,680	1,644	
Canada	1,695	1,708	1,670	
Spain	1,690	1,696	1,686	
Australia	1,726	1,723	1,712	
Italy	1,719	1,722	1,718	
OECD countries	1,739	1,735	1,726	
New Zealand	1,752	1,754	1,779	
United States	1,778	1,783	1,779	
Czech Republic	1,784	1,792	1,788	
Israel	1,918	1,910	1,898	
Chile	1,954	1,941	1,914	
Greece	1,957	1,956	1,949	
Russian Federation	1,979	1,970	1,965	
Korea	2,018	1,993	1,967	
Costa Rica	2,179	2,121	2,060	
Mexico	2,148	2,149	2,137	

(출처 : https://data.oecd.org/emp/hours-worked.htm)

국내 사업체 규모별 월평균 초과근로시간은 다음의 표와 같다.

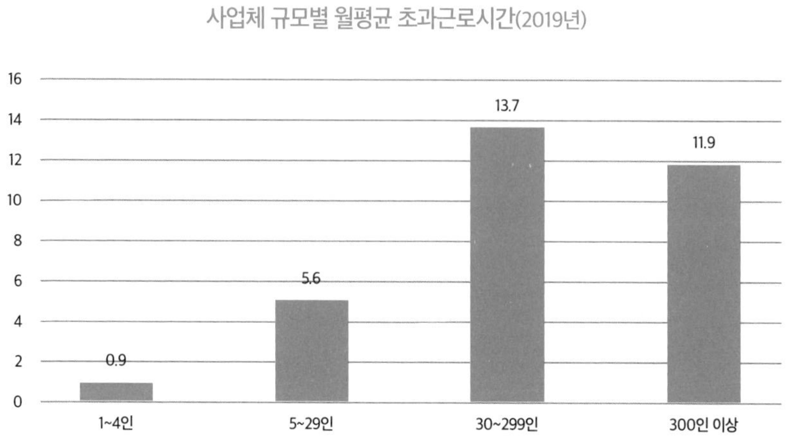

(출처 : 통계청, 규모별 임금 및 근로시간)

국내 사업장의 경우 30인 이상 300인 미만 사업장에서 초과근로가 많이 이루어지고 있다는 것을 알 수 있다.

근로시간별 취업자수 변화

아래 통계청 자료를 살펴보면 최근 5년간 주36시간 미만의 단시간근로자 취업자수가 매년 증가한 것을 알 수 있다. 주36시간 미만을 세부적으로 살펴보면 초단시간근로자(주17시간 미만)가 매년 큰 폭으로 증가하고 있는데, 이것은 노동시장 구조의 변화를 시사하고 있다.

(단위:천명)

년도	*총인원	주36시간 미만	주36시간 이상
2015	25,772	4,006	21,766
2016	25,996	4,487	21,509
2017	26,342	4,413	21,929
2018	26,419	5,210	21,209
2019	26,716	5,402	21,314

*휴직자 제외

(출처 : 통계청, 근로시간대별 취업자수)

다양한 유연근무제 활용

통계청이 발표한 유연근무제 활용 형태를 보면 주52시간 법 시행을 앞두고 근로시간 단축근무제와 탄력근무제도가 2018~2019년도에 증가한 것을 알 수 있다.

시차 출·퇴근제와 선택적 근무시간제도는 유연근무제 중에서 여전히 많은 비중을 차지하고 있는데, 현업에 어느 정도 정착이 된 것으로 보인다. 다만, 2020년에 그 비중이 감소한 것은 코로나19의 영향으로 재택 및 원격근무제를 많이 활용하면서 이쪽으로 옮겨간 것으로 추정된다.

유연근무제 활용 형태

(단위:%)

구분	2016. 08.	2017. 08.	2018. 08.	2019. 08.	2020. 08.
시차 출·퇴근제	38.1	38.4	33.2	33.7	31.2
탄력적 근무제	23.7	26.0	27.3	32.0	29.1
선택적 근무시간제	31.6	31.9	32.3	30.4	26.4
재택 및 원격근무제	7.3	5.6	4.7	4.3	17.4
근로시간 단축근무제	7.8	9.9	15.1	17.1	13.1
기타유형(재량근무 등)	1.5	9.1	10.9	9.6	10.2

(출처 : 통계청, 유연근무제 활용 형태)

외국인 유학생 증가

한류붐을 타고 외국인 유학생은 매년 급증하고 있는 추세라서 부족한 인적자원을 충당할 수 있는 좋은 기회요인이라고 할 수 있다. 최근 몇 년 사이 채용공고에 외국인 지원자가 눈에 띄게 늘었다.

교육부에서 발표한 「2019년 교육기본통계」 결과에 따르면, 전체 유학생 중 가장 큰 비율을 차지하는 중국인 유학생은 44.4%(71,067명)로 전년 대비 3.8% 낮아졌고, 매년 지속적으로 하락하는 추세이다. 중국 다음으로 베트남 23.4%(37,426명), 몽골 4.6%(7,381명), 일본 2.7%(4,392명), 미국 1.8%(2,915명) 순으로 주로 아시아 국가의 유학생 비율이 높았다.

외국인 유학생수

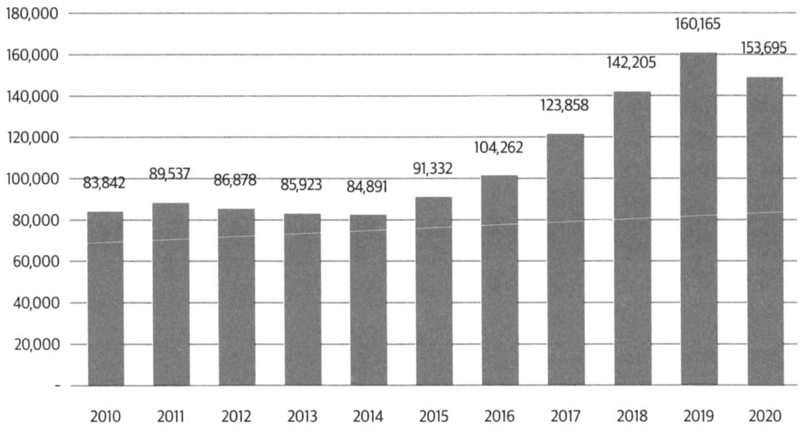

(출처 : 국가교육통계센터)

통계청의 2020년 '이민자 체류실태 및 고용조사'에 따르면 유학생이 한국에서 취업을 희망하는 업종은 전문·과학 및 기술서비스업, 교육서비스업, 숙박 및 음식점업 순으로 나타났으며(신뢰도가 낮은 값의 업종은 제외), 졸업 후 한국에 계속 체류하겠다는 의견이 54%를 차지했다.

청년층의 고용노동 현황

청년층 노동시장의 특성

중소기업 실태조사에 따르면 대부분의 업종에 걸쳐 중소기업이 인력난에 시달리고 있는데, 주요 애로사항은 '취업 지원자가 없음', '직무 능력 갖춘 지원자 없음', '근무 여건 열악' 순으로 나타났다. 또한, 이직 방지 노력으로 가장 많이 실시하는 것이 '임금 인상'이었다. 이는 중소기업이 평균적으로 대기업보다 임금이 낮기 때문인 것으로 풀이된다. 그리고 중소기업 이직률을 직종별로 분석해보면 생산직 이직률이 단연코 가장 높게 나타난다. 힘든 직종은 임금이 높더라도 기피하는 현상과 맞물려 있다고 할 수 있다.

통계청 자료에 따르면 청년층이 중소기업에 지원하지 않는 이유가 '고용불안정', '낮은 급여', '개인의 발전 가능성이 없음', '대기업보다 낮은 복지' 순으로 나오는데, 처우보다는 고용불안정에 대한 해결책이 우선되어야 한다는 것을 알 수 있다.

뿐만 아니라 청년은 직장 이동이 빈번해서 근속기간이 짧고 불안정한 경향이 있으며, 양질의 일자리 감소로 미래의 청년 취업 경쟁 전망이 지금보다 더 심해질 것이라고 생각하는 의견이 많은 것으로 나타났다.

취업 준비부터 첫 일자리 취업까지 걸린 기간(15~29세)

2020년 5월 기준 통계청 자료를 토대로 임금근로자(15~29세) 3,963천명 중에서 첫 취업 평균소요기간은 10개월이며, 남자는 12개월, 여자는 8개월인 것으로 나타났다.

3개월 미만	3~6개월 미만	6개월~1년 미만	1년~2년 미만	2~3년 미만	3년 이상
1,950천명	532천명	449천명	471천명	251천명	309천명
49%	13%	11%	12%	6%	8%

청년의 첫 직장에서의 짧은 근속기간

대학 졸업 후 첫 직장에 입사하더라도 근속기간은 길지 않다. 청년층의 첫 일자리에서 근속기간을 살펴보면 전체 임금근로자의 경우 18개월, 첫 일자리를 그만둔 경우 14개월, 첫 일자리가 현 직장인 경우 26개월로 나타났다.

첫 직장 근속기간(개월)

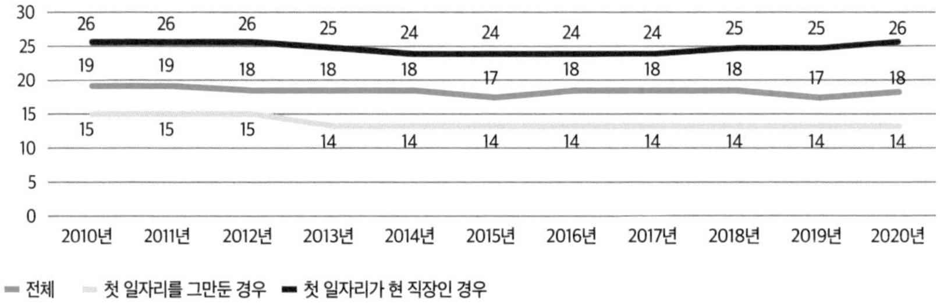

(출처 : 통계청, 첫 직장 근속기간)

첫 일자리를 그만둔 사유(15~29세)

2020년 5월 기준 통계청 자료를 토대로 첫 일자리를 그만둔 사유를 살펴보면 다음과 같다.

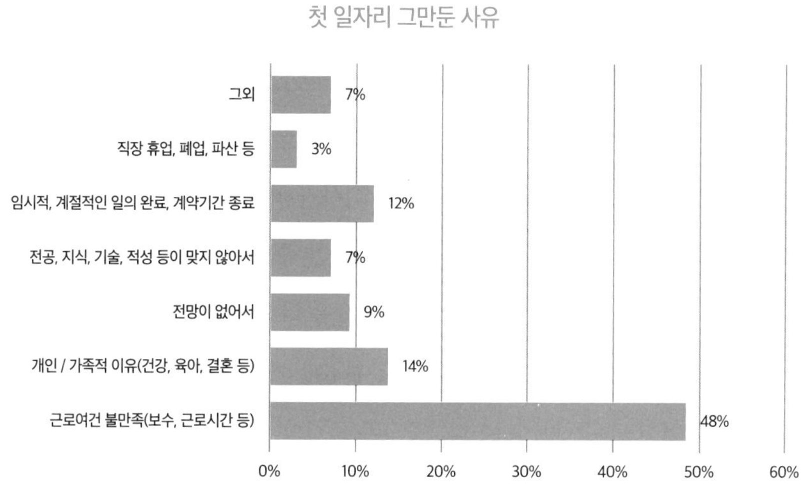

(출처 : 통계청, 첫 일자리 그만둔 사유)

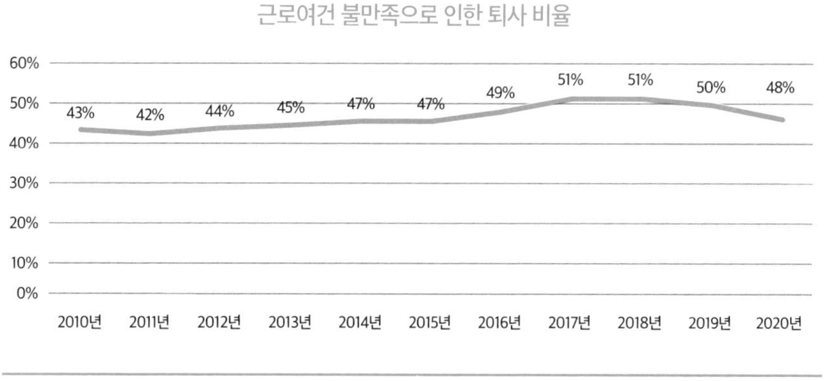

(출처 : 통계청, 근로여건 불만족으로 인한 퇴사 비율)

위 도표에서 알 수 있듯이 근로여건 불만족으로 인한 퇴사 비율은 매년 높은 비중을 차지해오다가 최근에 절반 이하로 떨어졌다. 전년 동기 대비 증감 비율을 세부적으로 살펴보면 그 외(6%)가 1% 증가, 직장휴업·폐업·파산 등(2%)이 1% 증가, 개인·가족적 이유(15%)가 1% 감소하였는데 코로나19의 영향인 것으로 보인다.

청년이 선호하는 일자리 유형

청년층이 선호하는 일자리 유형을 보면 1순위는 안정적인 회사, 2순위 직무가 적성에 맞는 회사, 3순위로 급여가 높은 회사가 차지하였다.

특이한 점은 안정적인 회사 유형이 최근 3년간 증가한 것과 직무가 적성에 맞는 회사가 급여가 높은 회사보다 더 높은 비율을 나타내고 있는 것이다. 그리고 취업 시험을 가장 많이 준비한 분야로 공무원 6%, 기업체 4%, 기능 분야 4%, 언론사·공영기업이 2%를 차지하였다. 공시족 증가와 함께 밀레니얼 세대의 특성이 반영된 것이라 할 수 있다.

중소기업 취업 의향

중소기업 취업을 기피하는 이유를 살펴보면, 1순위는 고용불안정, 2순위가 낮은 급여이다. 해당 지표인 고용불안정과 낮은 급여는 최근 3년간 증가하였는데, 국내 중소기업의 어려운 현실을 여실히 보여주고 있다

코로나19가 채용에 미친 영향

코로나19는 기업 채용에 심각한 영향을 주었다. 여행, 호텔, 공연, 서비스 같은 대면산업 등은 코로나19로 인해 인력을 축소하는 반면, 온라인 전자상거래, 물류, 배달 같은 비대면산업 등은 수요를 충족하기 위해 채용을 늘리고 있다. 실제로 배송의 경우 코로나19 이전보다 업무가 많아져서 과로사 및 파업 같은 뉴스가 자주 나오고 있다.

최근에 발표한 통계청 자료를 보면 고용률과 실업률이 전년 대비 악화된 것을 알 수 있다. 특히 연령별 취업자를 보면 전 연령대에 걸쳐 그 수가 감소하였지만, 그중 19세 이하가 감소폭이 크고, 특이하게도 60세 이상은 최근 3년간 꾸준히 증가하였다.

HR전문가인 조시 버신josh bersin은 팬데믹(Pandemic)이 인력 자체를 변화시켰다며, 인력시장에서 여성 및 베이붐 세대가 빨리 낙오되면서 앞으로 수요가 많은 업종에서 사람을 구하기가 어려워질 것이라고 전망하였다.

국내 기업들도 팬데믹에 따른 외부 경영환경 변화로 투자 규모와 채용을 전년 대비 절반 이상 축소하는 등 불투명한 경기 상황에 대비하고 있다. 그러나 이런 위기일수록 인재 채용에 더욱 집중해야 한다. 과거 IMF, 글로벌 금융 위기 때도 비슷한 전례가 있었기 때문에 기업들이 어느 정도 학습효과가 생겼을 것이다.

국내에도 비대면 재택근무가 확대되고 학교 수업이 온라인 강의로 대체되고 있으며 기업의 신규 채용 절차도 화상면접으로 진행되고 있다. 과거에는 상상조차 하지 못한 일들이 여러 산업 분야에서 비대면화가 이루어지고 있다. 신조어 '언택트(untact ; 비대면)'는 이미 〈2018년 트렌드 코리아〉라는 책에서 언급된 단어로, 그동안 드문드문 사용되다가 코로나 사태 이후 급격히 사용 횟수가 늘어나게 되었다.

특히 채용 분야에서는 언택트 방식으로 채용 패러다임이 바뀌는 변곡점에 있는데, 디지털 기술인 AI를 이용한 서류 및 화상면접 방식을 이용하는 회사들이 점차 늘어나고 있다. 이 같은 현상은 국내 모든 뉴스 기사를 추출하여 워드클라우드로 분석한 결과를 통해서도 알 수 있다.

시간흐름도에 따른 'untact' 관심 변화

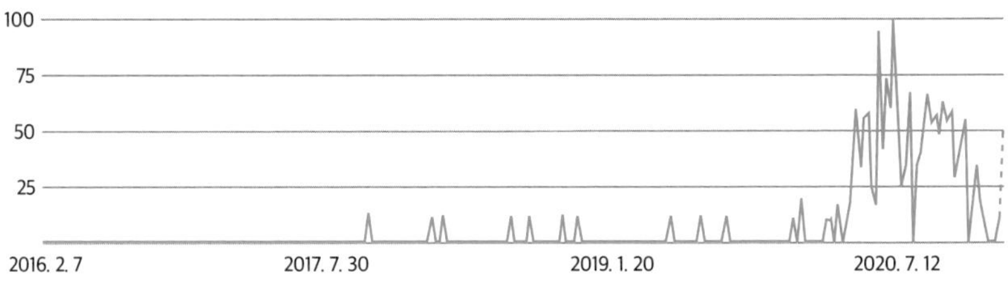

(출처 : 구글)

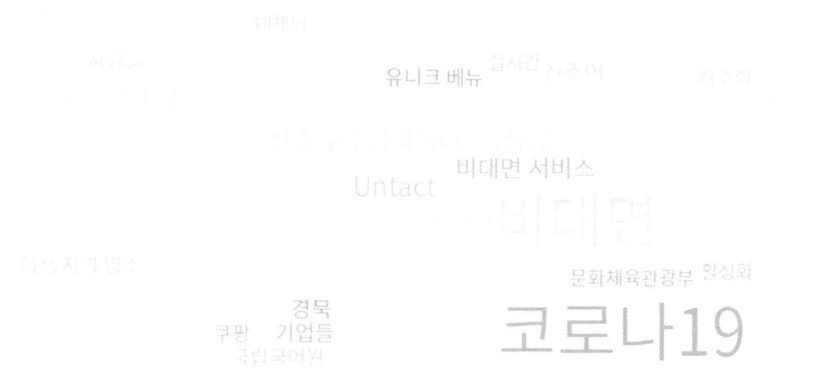

(출처 : 빅카인즈)

또한 삼성그룹도 창사 이래 처음으로 삼성직무적성검사(GSAT)를 온라인으로 진행했다. 부정행위 방지를 위한 화상회의 솔루션을 도입하여 부정행위를 원천 차단하고 서버 과부하 문제도 없이 완벽하게 마무리하였다. 요즘 밀레니얼 세대(Millennial Generation)는 오프라인 방식보다는 온라인 환경에 익숙해서 온라인 시험에 대한 거부감이 적었기 때문인 것으로 보인다. 특히 삼성이 하면 대부분 기업이 카피캣(Copycat ; 모방, 흉내의 의미)을 하기 때문에 앞으로 다른 기업들에게 언택트 채용 방식의 기준을 제시한 것이라서 뜻깊은 의미가 있다.

일자리의 미래 변화 흐름과 통찰력을 읽는 질문

몇 년 전에 인간 vs 인공지능(AI) 간에 번역 대결을 한 적이 있었다. 간발의 차이로 인간이 이겼지만 인공지능의 능력은 나날이 진보되고 있다.

미국 전기자동차 회사 테슬라 CEO인 일런 머스크Elon Reeve Musk는 2017년 세계정부정상회의(WGS)에서 20년 이내에 전 세계 모든 운전자가 인공지능으로 대체될 것이며, 이로 인해 근로자의 12~15%가 실직될 것이라고 말하였다. 그로부터 몇 년이 지난 지금 그 우려는 조금씩 현실이 되고 있다.

일자리의 미래 변화를 읽기 위해 변화요인과 당대의 구루였던 피터 드러커를 통해 미래에 대한 통찰력을 얻을 수 있는 방법을 알아본다.

서울특별시 일자리 변화

서울특별시 일자리 변화(2010년과 2018년 비교)

구분	2018년		2010년		증감율	
	사업체수	종사자수	사업체수	종사자수	사업체수	종사자수
농업, 임업 및 어업	30	462	22	464	36%	0%
광업	24	81	22	507	9%	-84%
제조업	58,970	266,500	53,950	272,510	9%	-2%
전기가스 증기 및 공기조절 공급업	183	6,083	106	11,853	73%	-49%
수도 하수 및 폐기물 처리 원료 재생업	451	9,139	379	6,470	19%	41%
건설업	21,825	379,353	18,077	381,531	21%	-1%
도매 및 소매업	223,955	896,326	209,989	783,503	7%	14%
운수 및 창고업	95,412	272,618	92,893	270,837	3%	1%
숙박 및 음식점업	130,595	495,092	115,415	405,068	13%	22%
정보통신업	23,284	357,761	13,690	295,581	70%	21%
금융 및 보험업	11,220	262,273	9,581	270,541	17%	-3%
부동산업	41,282	158,063	35,100	142,505	18%	11%
전문과학 및 기술서비스업	41,654	463,519	26,414	367,240	58%	26%
사업시설 관리 사업지원 및 임대서비스업	16,198	496,433	10,033	349,156	61%	42%
공공행정 국방 및 사회보장 행정	1,282	140,121	1,281	129,240	0%	8%
교육서비스업	35,377	346,219	30,044	297,208	18%	16%
보건업 및 사회복지서비스업	28,824	378,366	22,042	240,221	31%	58%
예술 스포츠 및 여가 관련 서비스업	23,025	91,104	21,467	75,243	7%	21%
협회 및 단체 수리 및 기타 개인서비스업	59,594	191,423	68,226	187,674	-13%	2%
합계	813,185	5,210,936	728,731	4,487,352	12%	16%

(출처 : 서울특별시 사업체 현황 통계, 필자 정리)

서울특별시 금융기관수

구분	2018년	2010년	증감
기관수	2,139개	2,645개	-506개

(출처: 서울특별시 금융기관 통계, 필자 정리)

위 표에서와 같이 특히 금융 및 보험업종을 보면 -3% 감소하였는데, 이는 비대면 및 IT 기술 발전으로 은행 지점이 구조조정되면서 인력이 줄어든 것으로 추정된다.

국내 미래 사회 고용구조 변화 전망

우리나라는 산업화, 정보화 시대에 이어 4차산업의 변곡점을 거치면서 초연결·초지능·융복합시대를 맞이하고 있다. 다가오고 있는 미래 사회의 일자리 변화는 과거와 다르게 빠르게 진행되면서 그 충격이 그전보다 더 클 것이다.

많은 연구 자료에서 구체적 수치까지 들이대며 일자리 감소를 예상하고 있다. M컨설팅펌의 자료를 보면, 향후 15년간 일자리 감소폭이 이전보다 5배 정도 증가할 것이라고 하였다. 물론 그에 비해 의료, 제조, 금융, IT 등 지능화로 유발되는 일자리 규모도 증가할 것이다.

예를 들어 디지털 기술의 확산으로 새로운 근로 형태인 플랫폼 노동자(한국고용정보원 정의 : 디지털 플랫폼의 중개를 통해 고객에서 유급노동을 제공하고 수입을 얻은 자)가 등장하였다. 아직은 전체 취업자 대비 그 비율은 미미한 편이지만, 한편으론 새로운 근로 형태에 대한 변화를 사회적·법적 기준이 이에 따라가지 못하는 괴리가 발생하고 있다.

IFR International Federation of Robotics의 「제조업의 로봇 밀집도」 자료를 보면, 세계에서 '근로자 1만 명당 로봇설치대수'가 싱가포르에 이어 한국이 2번째로 높다.

제조업 로봇 밀집도(근로자 1만 명당 로봇 설치대수)

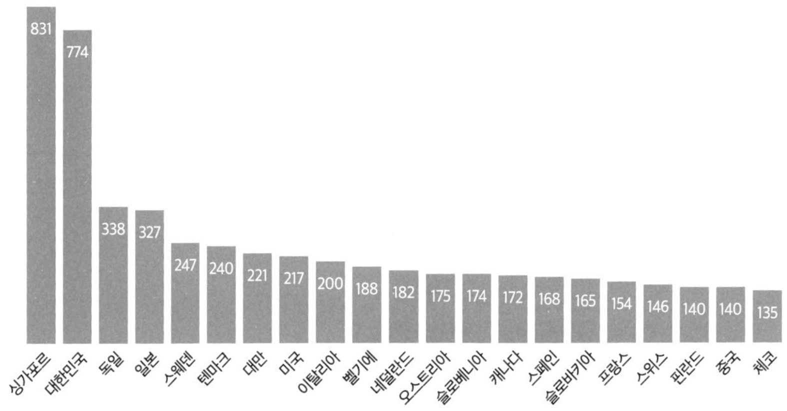

(출처 : World Robotics 2019)

일자리 변화 동인

거시환경으로부터 메가트렌드를 도출하는 것이 일반적이다. 거시환경을 분석하기 위해서 PEST(Political, Economic, Social, Technological analysis) 기법을 사용한다.

구분	내용
정치(Political)	시민 직접 참여
경제(Economic)	세계화, 블록화, 보호주의 회귀, 부의 양극화
사회(Social)	저출산, 고령화, 다문화, 도시화, 핵가족화, 1인 가구
기술(Technological)	초연결, 초지능, 융복합화

경제·사회·문화 전 분야에 걸쳐 코로나19 이후 뉴노멀(new normal)이 현재 전 세계적으로 관찰되고 있는 대표적인 메가트렌드라고 할 수 있다. 여기서는 인구통계학적, 지리학적, 기술적, 해외투자, 4차산업, 노동시장의 특징을 분석하여 미래의 일자리 변화 동인의 통찰력을 찾아보려고 한다.

2021~2025년 인구사회경제적 변화(단위 : %)

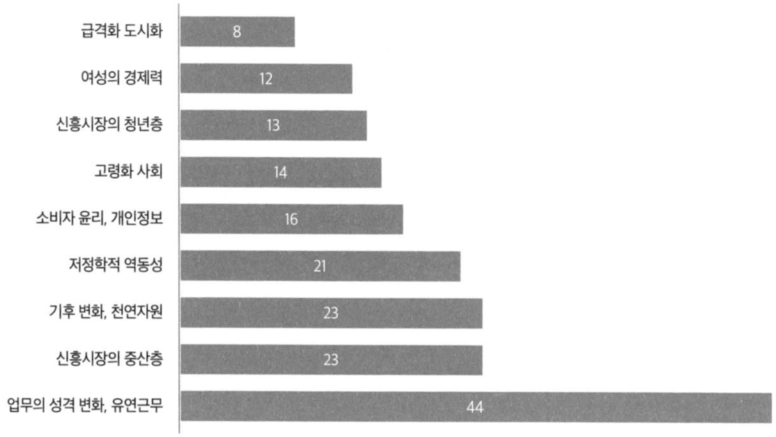

2021 ~ 2025년 기술적 변화(단위 : %)

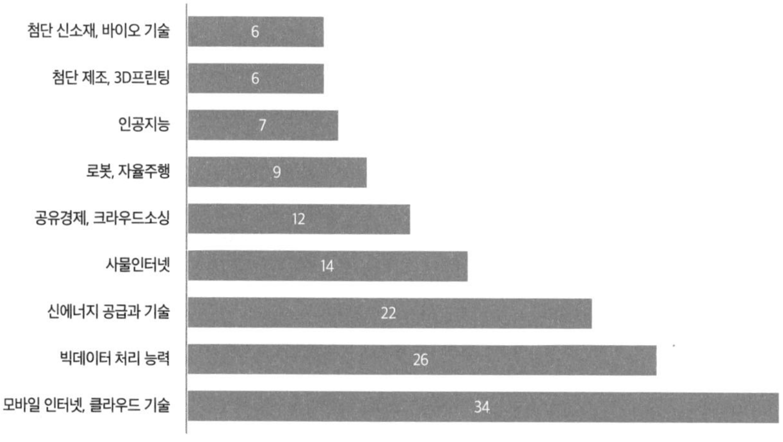

(출처 : Future of Jobs Survey, World Economic Forum, 2016)

Worker Tasks in the U.S. Economy(1960 ~2009)

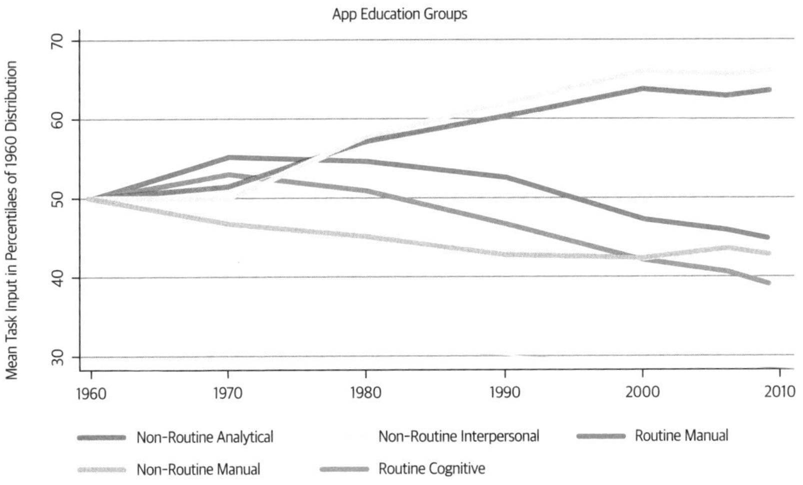

(출처 : the changing task composition of the us labor market, MIT, 2013)

MIT에서 발표한 위의 미국 근로자의 과업을 보면 비반복대인(non-routine interpersonal)과 비반복분석(non-routine analytical)은 증가하고, 반복육체(routine manual), 비반복육체(non-routine manual), 반복인지(routine cognitive)는 감소하였다. 이는 기술 변화에 따라 대체 가능한 낮은 스킬의 직무는 점차 사라지고 있으며, 대체 불가능한 높은 스킬의 직무는 그 반대라는 것을 알 수 있다.

예를 들어 레크리에이션 치료사, 치과의사, 운동트레이너, 화학엔지니어, 편집자, 소방관, 배우, 의료기술자, 경제학자는 대체 가능성이 낮지만 항공기 조종사, 단순기계공, 문서입력, 부동산 중개인, 판매원, 텔레마케터 등은 대체 가능성이 높다고 할 수 있다.

대인관계가 다양하고 업무가 복잡하며 변화가 다양할수록 대체 가능성은 낮다. 하지만 그 반대라면 대체 가능성이 높기 때문에 미래에 자신만의 전문적인 역량을 확보하려면 대체 가능성이 낮은 직무를 선택해야 할 것이다.

미래를 읽는 통찰력과 질문

피터 드러커는 미래에 관해 우리가 아는 것은 '미래는 알 수 없다.'와 '미래는 지금 존재하는 것과도, 그리고 우리가 기대하는 것과도 다를 것이다.'라고 하였다. 그렇기 때문에 미래에 어떤 일이 일어날지 예측하려고 하는 것은 헛된 모험에 불과하다. 우리가 할 수 있는 최선의 노력은 이미 발생하여 돌이킬 수 없게 된 사건들이 미래에 끼칠 영향이 무엇인지 탐색해보는 것이라고 말했다.

피터 드러커가 말한 이미 발생한 사건을 가지고 미래를 탐색하기 위한 5가지 질문을 정리하면 다음과 같다.

① 인구통계학적인 변화는 가장 기본적인 것으로 인구 변화는 그 흐름을 바꾸는 것이 가장 어렵고 확실하게 미래를 예측할 수 있기 때문이다.

② 현재 기업과 관련된 지식 분야를 살펴보아야 한다. 지식의 변화에서 우리가 기대하거나 기회가 존재하는지 항상 질문하면서 여러 지식 분야로 그 범위를 넓혀야 한다.

③ 동종산업 이외에 다른 산업과 국가, 시장에서 어떤 변화들이 일어나고 있는지, 그 변화가 우리에게 미칠 영향은 무엇인지 탐색해야 한다.

④ 우리가 속한 산업구조에서 어떤 구조적인 변화가 발생하고 있는지 면밀하게 살펴보고 질문해야 한다.

⑤ 회사 내부의 변화도 필요한데, 그러기 위해서는 새로운 것을 도입하여 기존의 제도, 관행과 마찰을 일으켜야 한다. 근본적인 변화는 회사 내 마찰에서부터 시작되는 것이며, 기존의 위치를 고수하기보다 더 높은 방향으로 전환하기 위한 노력이 필요하다.

인구통계학적 변화

인구성장률은 인구 변화의 대표적 지표이다. 국가 정책 및 경제·사회에 영향을 주는 기초적인 자료로 활용되고 있으며, 미래예측의 필수지표라고 할 수 있다.

회사가 장기적으로 인력활용계획을 수립하기 위해서는 인구구조 및 세대의 변화를 알아야 한다. 이러한 변화의 트렌드를 고려하여 기업은 세대 교체에 따른 신구(新舊)의 조화 및 새로 유입될 젊은 인력들의 잠재력을 활용할 수 있는 방안을 고민해야 한다.

통계청에서 작성한 「장래인구특별추계 : 2017~2067년」을 토대로 인구통계학적인 변화를 살펴보면 다음과 같다.

총인구와 인구성장률

총인구는 2017년 현재 기준 5,136만명에서 증가, 2028년 5,194만명을 정점으로 감소하여 2067년 3,929만명(1982년 수준)에 이를 전망이다. 인구성장률은 2029년부터 마이너스(-)로 전환하여 2067년에는 -1.25% 수준이 될 전망이다.

총인구 및 인구성장률(1960~2067년)

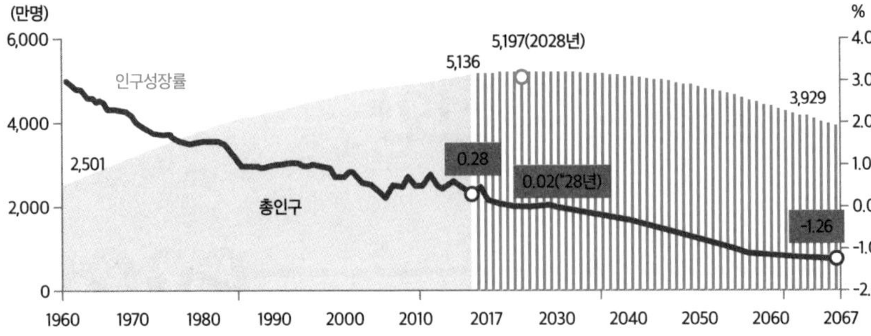

(출처 : 통계청)

자연증가(출산율)

2019년부터 사망자가 출생아보다 많아지는 자연감소가 시작되었다. 출생아는 2017년 35만명에서 2067년 21만명(2017년 수준의 2/3 미만 수준)으로 감소하고, 사망자는 2017년 29만명에서 2067년 74만명(2017년의 2.5배 수준)으로 증가할 전망이다.

합계출산율

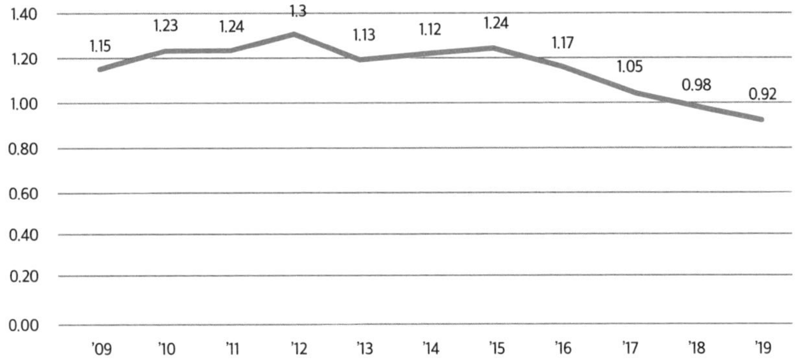

※ 합계출산율 : 여성 1명이 평생 출산할 것으로 예상되는 평균 출생아수

(출처 : 통계청)

출생아수 및 사망자수(1985~2067년)

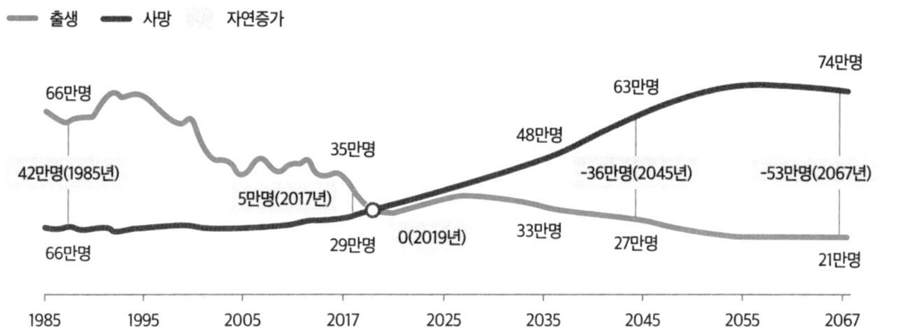

(출처 : 통계청)

연령별 인구구조

2017년과 2067년의 연령별 인구 구성비를 보면, 15~64세 생산연령인구 비중은 감소(73.2% → 45.4%), 65세 이상 고령인구 비중은 증가(13.8% → 46.5%), 0~14세 유소년 인구 비중은 감소(13.1% → 8.1%)할 전망이다.

연령별 인구구조(1960~2067년)

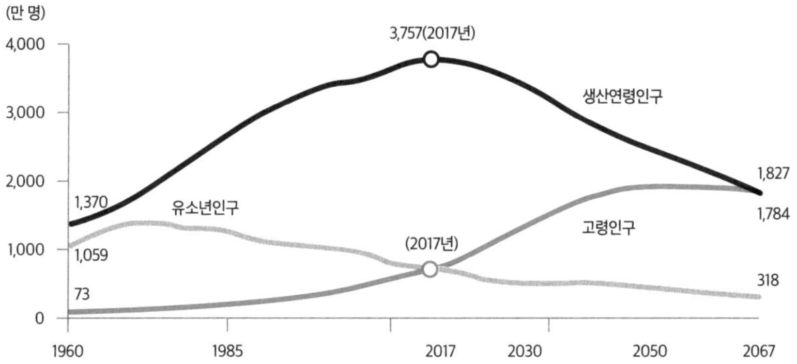

(출처 : 통계청)

생산연령인구

2017년 3,757만명에서 10년간 250만명 감소하여 2067년에는 1,784만명 수준일 전망이다.

베이비붐 세대가 고령인구로 이동하는 2020년대에는 연평균 -33만명, 2030년대는 연평균 -52만명씩 감소할 전망이다.

고령인구

2017년 707만명에서 2025년에 1,000만명을 넘고 2067년에는 1,827만명까지 증가할 전망이다.

고령인구(65세 이상) 비율(%)

지역	전남	경북	전북	강원	부산	충남	충북	경남	대구	제주	서울	광주	대전	인천	경기	울산	세종
비율	22.9	20.6	20.3	19.5	18.2	17.9	16.9	16.4	15.6	15.2	15.1	13.4	13.3	13.1	12.6	11.6	9.1

(출처 : 통계청)

대학교 학령인구 감소

학령인구 연령구조(중위)

통계청 자료에 따르면 학령인구(6~21세)는 2017년 846만명에서 향후 10년간 190만명 감소하고, 2067년에는 364만명 수준일 전망이다. 특히 대학교 학령인구(18~21세)는 2017년 264만명, 2030년 181만명으로 2017년 대비 68% 수준으로, 대학 진학 대상이 되는 18세 인구는 2017년 61만명에서 2030년 46만명으로 2017년 대비 76% 수준으로 감소할 전망이다.

(단위 : 만명)

년도	2017년	2020년	2025년	2030년	2035년	2040년	2045년	2050년
대학교(18~21세)	264	236	180	181	166	119	129	140
고등학교(15~17세)	172	138	136	132	96	92	105	100
중학교(12~14세)	138	136	140	114	87	102	104	94
초등학교(6~11세)	272	272	233	180	200	208	191	173
합계	846	782	689	607	549	521	529	507

(출처 : 통계청)

가구 규모수 변화

2019년 주된 가구 유형은 1인 가구(30.2%)로, 2인 가구까지 합치면 전체 가구 수의 58%를 차지한다. 2005년 이전 가장 주된 유형은 4인 가구였으나 2010년에는 2인 가구, 2015년 이후로는 1인 가구였다. 특히, 20대의 1인 가구가 전년 대비 가장 크게 증가하였으며(102만 가구 → 112만 가구), 연령계층별로 보면 70세 이상 18.4%, 20대가 18.2%, 30대가 16.8% 순으로 높게 나타났다.

시도별 1인 가구 비율(%)

지역	대전	서울	충북	강원	경북	충남	전북	전남	광주	부산	세종	제주	경남	대구	인천	울산	경기
비율	33.7	33.4	32.9	32.9	32.7	32.5	32.3	32.1	31.1	30.7	30.1	29.7	29.6	29.4	26.6	26.5	26.3

(출처 : 통계청, 2019년 인구주택총조사 결과)

시사점

인구통계학적 변화로 기업 내 인력이 다양화되고 고령화되면서 신입 직원의 구성과 가치관의 변화에 차이가 발생할 것이다. 그래서 기업들은 젊은 세대와 기존 세대 간에 소통과 협력, 일하는 방식, 가치관의 차이를 좁힐 수 있는 교육에 집중해야 한다.

아울러, 생산가능인구 부족으로 생산성을 제고할 수 있는 정년 연장 논의, 아시아계 외국인·경력단절여성 및 탈북새터민, 고령자 채용 등 다양한 인력 소싱에 대한 검토가 이루어져야 할 것이다.

지리학적 변화와 입지

지역별 생산가능인구

통계청 자료를 바탕으로 생산가능인구(15~64세)를 시도별 구성비로 나타내면, 2020년 3,736만명(72.1%)에서 서울(74.4%)이 가장 높고, 전남(65.1%)이 가장 낮은 것으로 분석되었다.

2047년에는 생산가능인구가 2,562만명(52.4%)으로 감소하는데, 세종이 58.7%로 가장 높고, 전남은 45.3%로 가장 낮을 것으로 예측된다.

지역별 생산가능인구(15~64세)

구분	2020년
서울	74.4%
울산	74.3%
인천	74.1%
대전	73.8%
경기	73.8%
광주	73.0%
대구	72.1%
충청	70.9%
세종	70.7%
부산	70.6%
경상	70.5%
제주	70.5%
경북	68.0%
전북	67.6%
전남	65.1%

구분	2047년
세종	58.7%
서울	55.1%
경기	54.5%
대전	53.8%
광주	53.4%
울산	53.2%
인천	53.1%
제주	53.0%
대구	51.2%
충남	50.7%
부산	50.6%
충북	50.5%
경남	49.7%
전북	47.5%
강원	47.1%
경북	46.7%
전남	45.3%

(출처 : 통계청)

전국 시군구 생산가능인구 상위 10순위

2017년도 기준, 통계청 자료에 따르면 생산가능인구비율이 가장 높은 시군구 상위 10개는 경기도 안양시, 인천시 계양구, 서울시 광진구, 서울시 관악구, 울산시 남구, 경기도 시흥시, 경기도 부천시, 경기도 수원시, 대전시 유성구, 경기도 안산시 순이며, 가장 낮은 시군구는 전라도 고흥군으로 나타났다.

도시지역 공장 입지 현황

통계청 자료에 따르면 5년 전과 비교하여 도시지역에 공장 설립이 가장 많이 늘어난 곳은 경기도로 나타났으며, 이는 수도권과 지리적 입지 및 경제성, 인력 배후수요를 감안한 것이라고 할 수 있다.

도시지역 개별입지 공장 현황

지역	2016년	2020년	증감
경기	16,783	18,134	1,351
경북	2,817	3,302	485
경남	5,946	6,345	399
전북	1,328	1,707	379
충남	1,215	1,465	250
충북	1,101	1,341	240
전남	1,347	1,579	232
대전	1,135	1,208	73
울산	983	1,031	48
광주	1,682	1,707	25
제주	299	312	13
강원	861	860	-1
세종	98	97	-1
서울	8,103	8,098	-5
대구	2,566	2,532	-34
인천	4,638	4,551	-87
부산	7,394	6,682	-712

(출처 : 통계청, 도시지역 개별입지 공장 현황)

통계청의 '지역별 업종 현황' 자료를 가지고 부가가치가 높은 반도체, 제약·바이오 같은 제조업을 기준으로 보면 '기타 기계 및 장비 제조업종'에서 전국에서 38% 정도가 경기도에 밀집한 것을 알 수 있다. 이는 삼성, SK 등과 직·간접적으로 연관된 것으로 보인다.

뿐만 아니라 제약·바이오 회사 전체의 35% 정도가 경기도 화성시에 밀집해 있는데, 향남제약산업단지를 중심으로 제약바이오클러스터를 형성하고 있다. 화성시는 향후 지하철이 들어오는 등 부동산도 오르고 수도권과 별 차이가 없어지고 있다.

특히 통계청의 '순이동인구' 자료의 인구 순유입 증감을 보면 5년 전과 비교하여 가장 많이 증가한 곳은 경기, 세종, 제주, 충남, 인천 순이었다. 경기도만 놓고 보면 5년간 총 순유입인구 9만 5천명 중에 화성시가 5만 1천명을 차지하고 있다.

국내·해외기업들의 입지 선정 방식

S회사가 신규 반도체 공장 건설 지역으로 경기도 용인시를 선택한 것은 인재 확보에 대한 이유 때문이었다. 반도체 산업 특성상 고학력의 우수한 인력을 영입해야 하는데, 이들 대부분이 지방보다 수도권 근무를 희망하기 때문이다. 특히 서울에서 가까운 직장을 선호하고 있으며, 첨단 ICT·바이오 등이 주로 수도권에 본사를 두거나 공장을 건설하는 것도 인재 영입이라는 현실적 이유이기도 하다. 대기업 유치에 따른 지역 발전도 중요하지만 석·박사급 고급 인재에 대한 현실적인 유인이 어렵기 때문에 수도권 인근으로 공장을 건설한 것이라고 보면 된다. 왜냐하면 요즘 시대에는 입지 선택의 제1조건이 세금 혜택도 물류도 아닌 인재이기 때문이다.

그에 반해 지역 발전을 위한 국가 정책에 따라 전주로 본사를 옮긴 국민연금

공단은 인재 구인 실패의 대표적 사례 중에 하나라고 할 수 있다. 2016년 이후 국민연금 기금운용본부 내 운용 부문 인력 퇴사자수를 보면, 지난 3년 동안 3명 중에 1명 정도가 회사를 떠났다. 업계에서는 2017년 2월 이뤄진 기금운용본부의 전북 전주 이전과 민간에 비해 낮은 보수·처우가 인력 이탈의 핵심 원인이 된 것으로 보고 있다.

인재 확보를 위한 글로벌 기업들의 전쟁은 치열하다. 아마존은 제2 본사 입지로 뉴욕 롱아일랜드시티와 버지니아 북부 알링턴 인근 내셔널랜딩을 선정했다. 제프 베조스Jeff Bezos CEO는 이들 지역이 향후 고객 창출을 지속하도록 도울 세계적 수준의 인재를 유치할 수 있을 것이라 말했다. 제이 카니Jay Carney 아마존 선임 부사장도 후보지마다 백여 가지 이상의 측면을 들여다보면서, 이 과정에서 가장 중요한 선택기준은 인재를 찾고 유치할 수 있는 능력이라고 설명했다. 미국 버지니아 북부에는 조지타운대, 조지워싱턴대, 호워드대, 조지메이슨대, 메릴랜드대 등 유수한 대학들이 있고 버지니아대, 버지니아기술대 등이 가까워 인재 확보에 유리하다. 아마존은 인재 유치전에 세제 혜택 등 20억 달러 이상의 잇속도 챙겼다고 했는데, 입지 선택 조건이 경제적인 혜택뿐만 아니라 가장 중요한 기준으로 최고의 인재 확보를 우선시하고 선택한 것이다.

해외투자 및 기술적 변화

연간 해외 직접투자 동향

해외 직접투자를 살펴봐야 하는 것은 대기업들이 인건비, 노조 등의 문제로 해외로 공장을 이전하고 있기 때문이다. 특히 베트남의 경우 삼성전자가 그 나라 국민을 먹여 살리고 있을 정도로 고용창출 효과가 크다고 할 수 있다.

삼성전자가 베트남으로 이전하면서 국내 공장을 부분 철수하고 이전한 협력회사도 많아졌다. 뿐만 아니라 국내 IT 회사들도 베트남으로 진출하는 기업들이 늘어나고 있다.

중국은 이제 생산보다는 소비 시장 역할을 하게 되면서 우리나라 인건비와 거의 비슷한 수준으로 올라왔다. 국내 기업들은 5년 전부터 중국 천진을 시작으로 부분적 철수 준비 및 최소한의 현상 유지를 하면서 저렴한 인건비와 생산가능인구가 풍부한 베트남으로 대거 이전을 했다.

우리나라 주요 투자국이었던 베트남은 투자가 꾸준히 상승을 하다가 2020년에 대폭적으로 감소되었지만 향후 10년 동안 생산과 소비의 시장 역할을 하게 될 것이다. 따라서 우리나라가 가장 많이 해외투자를 하고 있는 곳을 알고 있으면 향후 기업들의 향방을 가늠해볼 수 있다.

한국수출입은행 「해외직접투자 동향분석」에 따르면 2019년도 해외직접투자액은 618억 달러로 전년(511억달러)보다 21% 증가하였고, 신규 법인수는 3,953개로 전년(3,540개)보다 12% 증가하였으며, 아시아 지역에 가장 많이 투자하였다.

아시아 지역에서는 업종별로 제조업, 금융보험업, 도소매업, 정보통신업, 전기가스공급업 순으로 가장 많이 차지하고 있으며, 국가별로는 중국, 인도네시아, 베트남, 싱가포르, 홍콩 순으로 투자가 이루어졌다.

4차산업의 등장

4차산업이라는 용어는 클라우스 슈밥Klaus Schwab 세계경제포럼(World Economic Forum; WEF, 일명 '다보스포럼') 회장이 2016년 세계경제포럼에서 '제4차 산업혁명'을 얘기하면서 주창한 것으로, WEF는 3차 산업혁명을 기반으로 디지털과 바이오산업, 물리학 등의 경계를 융합하는 기술혁명이라고 설명하고 있다. 물론 학자마다 4차산업 정의에 대한 견해 차이는 있지만 중요한 점은 산업화, 정보화 단계를 거쳐 현재 지능화 단계인 기술혁명의 변곡점에 있다는 것으로 누구도 부인할 수 없는 분명한 사실이다. 이것이 가능했던 것은 IT 기술의 비약적인 발전에 있다.

산업의 근간이 제조업이지만 산업공동화 현상으로 더 이상 고용 창출의 효과를 기대하기 어렵게 되었다. 예전보다 많은 일자리 창출을 통해 지역 사회에 기여하는 모습은 앞으로 보기 어려워질 수 있다. 물론 제약·바이오업종은 정부 규제 산업이고 진입 장벽이 있는 분야라서 해외로 공장을 이전할 수 없기 때문에 고용 창출을 기대할 수 있지만 과거의 산업사회 모습을 기대하기 어렵다는 것이다. 통계청의 '산업·취업시간별 취업자' 자료를 보더라도 과거 4년 전과 비교하면 도소매·숙박음식점업, 제조업·광공업 순으로 취업자수가 감소되었다.

앞으로는 양질의 일자리를 창출하기 위해서는 기존 산업의 패러다임을 벗어나야 한다. 몇 년 전부터 그 가능성으로 나온 것이 4차산업이고, 기존 산업과 융합을 통해 새로운 양질의 일자리 창출이 가능하게 되었다.

통계청의 '업종별 창업기업수'를 가지고 2016년과 2019년을 비교하면 제조업은 모든 업종에서 창업(법인, 개인 포함)수가 감소하였지만, 기술기반업종은 16% 증가하였다.

통계청의「2019년 기업활동조사」에서도 비슷한 결과가 나왔는데, 4차산업혁명 관련 기술을 개발 또는 활용하고 있는 기업은 전년 대비 14.1% 증가하였으며, 클라우드, 빅데이터, 사물인터넷, 인공지능 순으로 나타났다.

또한, 요즘 언택트로 급부상한 Edu Tech 산업이 부흥기에 들어서면서 일자리 창출에 기여하고 있다. 4년 전부터 Edu Tech 산업이 태동하면서 그 개화 시기가 일찍 당겨진 것이라고 할 수 있지만 여기에도 4차산업의 기술이 들어가 있다. 앞으로는 모든 산업이 이런 모습으로 융합될 것이다.

4차 산업혁명시대 일자리 변화

새로운 기술의 진보와 비즈니스 모델은 항상 노동시장의 붕괴를 초래하곤 한다. 새로운 직업이 등장하면 그것을 대체할 수 있는 기존 직업들은 사라지게 된다. 예전 놀이공원이나 학교 졸업식에 가면 사진을 찍어주는 사진사가 있었는데 최신 사진 기술을 갖춘 핸드폰 사용이 일상화되면서 그 직업은 자취를 감췄다.

미국 경제학자인 조지프 슘페터Joseph Schumpter가 말했듯 창조적 파괴와 함께 기술 혁신이 빨라지면서 적응하지 못한 기업들의 기대수명이 점점 줄어들고 있다. 알렉산더 그레이엄 벨Alexander Graham Bell이 전화기를 만들고(1876) 그후 웹(1991)이 등장하는 데 115년이 걸렸지만, 아이폰(2007)이 등장하는 데까지는 16년이 걸렸다. 미국 예일대 리처드 포스터Richard Foster 교수는 미국 S&P에 등록된 기업의 평균수명이 1935년 90년, 1975년 30년, 2011년 18년에서 2027년 13년이 될 것이라고 하였다.

국내 산업분류별 일자리 통계를 보면 광업, 제조업, 사업시설관리, 사업지원 및 임대서비스업은 3년 전과 비교하여 다른 업종과 달리 일자리가 감소한 것으로 나타났다. 뿐만 아니라 디지털 플랫폼 노동자의 출현으로 다양한 고용 형태가 나타나는 것도 특징적인 변화라고 할 수 있다. 전통적인 산업에서 일자리가 감소하는 등 일자리 양극화가 심해지고 있는 것이다.

국제노동기구(ILO)는 2020년 코로나19 영향으로 전 세계적으로 2008년 글로벌 금융위기의 4배에 해당하는 2억 5,500만개의 일자리가 사라졌다고 추정하였다. 세계경제포럼(WEF)는 2025년까지 사람과 기계 사이에서 노동력 분업의 변화로 8,500만개의 일자리가 대체될 수 있다고 하였다.

TOP 20 직무

	수요 증가	수요 감소
1	데이터 분석가	데이터 입력 종사원
2	인공지능, 머신러닝 전문가	행정 & 임원 비서
3	빅데이터 전문가	회계 경리 & 급여 종사원
4	디지털 마케팅 & 전략 전문가	회계사, 감사
5	프로세스 자동화 전문가	조립 및 공장 근로자
6	사업 개발 전문가	비즈니스 서비스 & 행정관리자
7	디지털 변화 전문가	고객 정보 및 고객 서비스 근로자
8	정보 보안 분석가	총괄관리자 & 운영 매니저
9	소프트웨어 & 응용프로그램 개발자	메카닉 & 기계 수리공
10	사물인터넷 전문가	자료기록 및 재고관리 종사원
11	프로젝트 매니저	금융분석가
12	비즈니스 서비스 & 행정관리자	우편배달부
13	데이터베이스 & 네트워크 전문가	영업 담당자, 도매 및 제조
14	로보틱스 엔지니어	관계 매니저
15	전략 조언가	은행원 및 관련 종사자

16	관리 & 조직 분석가	방문판매, 뉴스가판대 및 노점상
17	핀테크 엔지니어	전자 & 통신설치 & 수리공
18	메카닉 & 기계 수리공	인사전문가
19	조직 개발 전문가	교육훈련 전문가
20	리스크 관리 전문가	건설노동자

* 일부는 중복될 수 있음

(출처 : Future of Jobs Survey 2020, WEF)

세계경제포럼(WEF)이 2016년 보고서 이후 올해 새롭게 추가한 역량은 적극적인 자기관리능력과 학습능력, 회복탄력성, 스트레스 내성 및 유연성이다.

Top 15 역량 for 2025

순위	역량	순위	역량
1	분석적 사고와 혁신	9	회복탄력성, 스트레스 내성 & 유연성
2	적극적인 학습능력	10	추리력, 문제해결 & 관념
3	문제해결능력	11	감성지능
4	비판적 사고와 분석력	12	문제해결 및 사용자 경험
5	창조성, 독창성 및 자기주도성	13	서비스 마인드
6	리더십과 사회적 영향력	14	시스템 분석과 평가
7	기술 사용, 모니터링 & 제어	15	설득력 및 협상력
8	기술설계 및 프로그래밍		

(출처 : Future of jobs survey 2020, WEF)

PART 02

인재 채용 트렌드

직무 역량의 중요성

기존 스펙 위주의 채용 관행에서 벗어나 직무능력 중심의 채용을 위해서는 선발도구의 신뢰성과 타당성 확보가 우선 필요하다. 직무분석과 조직진단을 통해 지원자와 회사의 적합성 및 능력을 평가할 수 있는 채용도구를 개발해야 한다.

직무는 채용에서부터 성과관리, 경력개발, 교육훈련, 인력운영계획 등 인사 분야에서 다양하게 활용되고 있다.

구분	내용
선발도구	회사에서 요구하는 인재상, 직무의 필요 역량, 지식·기술·태도 등을 명확히 하여 적격자를 채용하는 데 기초자료로 사용
성과관리	업적 목표 설정 및 직무 역량 도출 시 자료로 활용
경력개발	직군·직종별 경력개발 시 또는 직무 순환 시 제공
교육훈련	직무별 필요 역량과 지식·기술·태도를 파악하여 역량 중심의 교육훈련체계 설계, 관련 교육자료 제공
인력운영계획	적정 인력 산정 시 업무량 파악 등의 기초자료

정부는 2013년부터 산업 현장에서 직무를 수행하기 위해 필요한 능력(지식, 기술, 태도)을 체계화하여 국가직무능력표준(NCS)을 개발하였다. 또한 직무 능력 중심의 인력 양성 및 채용을 확산시키기 위해 민간기업의 컨설팅 사업을 지원하는 등 노력하고 있다. 현재는 컨설팅 참여 기업이 700여 개로 기계, 전기·전자, 정보통신 순으로 높은 참여를 보이고 있다.

삼성그룹이 오래전부터 대졸 공채에 직무적합성평가를 도입하면서 대기업 채용에 직무 역량을 평가하는 트렌드가 자리 잡았다. 실제로 실무 면접을 통해 직무 역량을 판단하는 비율이 가장 큰 편이다. 뉴스 기사 8년 치 65만 건 자료를 가지고 분석해보면 신입사원과 NCS가 동일한 비중으로 연관되는 것으로 나타난다. 실무형 인재를 기업들이 원하고 있기 때문에 직무 역량을 키우는 것은 아무리 강조해도 지나치지 않다.

공채 폐지 및 수시 채용

국내 10대 그룹 중에 공채 폐지를 가장 먼저 발표한 곳은 현대자동차그룹이다. 창립 이래 매년 2회 실시했던 인·적성검사도 폐지하고 수시 채용으로 전환한 것이 처음이다. 그 뒤를 이어 SK그룹, KT그룹도 공채를 폐지하고 수시 채용을 도입하기로 했다. 급변하는 경영 환경에서 기존 공채로 인력을 뽑는 데는 한계가 있다는 판단을 한 것으로 보인다.

LG그룹도 64년 만에 정기 공채를 폐지하고 연중 상시 채용으로 전환한다고 하였다. 수시 채용은 부서별로 공고 후 선발하는 방식으로써 수시로 채용하며, 해당 직무 경험에 중점을 두고 있다. 공채는 회사가 전체적으로 선발해서 부서에 배치하는 방식으로써 연간 1~2회 정도 일괄 채용하고, 인문학적 소양 및 인성에 중점을 두고 있다.

일본 도요타는 2019년도에 기존의 채용 방식으로 능력 있는 인재를 확보하는 것이 어렵다고 판단하여 경영 환경의 변화에 맞춰 수시 채용 비율을 30%로 늘리고 중장기적으로는 50%까지 확대할 것이라고 하였다. 공채는 연공서열하고도 연관이 있기 때문에 현장에 바로 투입할 수 있는 인재를 채용하여 변화에 대응할 수 있는 조직의 민첩함을 강화시키려는 의도로 보인다.

일본의 대표 도요타가 이런 변화를 보이는 것은 외부에서 다양한 인재를 영입하고, 경직된 인사제도와 조직문화를 바꿔야 한다는 위기의식의 발로에 따른 것이다.

인재상의 변화

인재상은 기업마다 경영방침과 조직문화 차이로 인해 다를 수밖에 없으며, 그 시대의 트렌드에 따라서 변할 수도 있다. 그러나 동종업계끼리 조사해보면 비슷한 인재상이 나올 수밖에 없다.

코스피(KOSPI)와 코스닥(KOSDAQ) 각각 시가총액 상위 10개 회사들의 인재상을 분석해보면, 몇 년 전까지는 자사 홈페이지에 인재상을 적었는데 최근 들어 조금씩 그런 흐름이 사라지고 있다. 회사 인재상을 적지 않은 곳은 대표이사가 인재에 대해 언급한 핵심단어를 기입하였다.

가장 많이 언급되는 단어는 역시 '창의적 사고'와 '도전정신'으로 업계를 선도하는 회사들에게 공통적이고 적합한 인재상이라고 할 수 있다.

코스피 시가총액

순위	회사	인재상
1	삼○○○자	최고 지향, 변화 선도, 도덕성
2	S○○○스	실행력, 역량 강화, 자기계발, 팀워크
3	L○○○학	열정, 혁신, 창의력, 경쟁력
4	현○○○차	도전, 창의, 열정, 협력, 글로벌 마인드
5	삼○○○스	전문성, 책임감, 열정, 실행력, 협업
6	N○○○R	설득력, 데이터나 트렌드의 흐름을 읽어내는 능력, 회복탄력성
7	삼○○○I	전문성, 글로벌 마인드, 창의·도전, 도덕성
8	셀○○○온	창의성, 원칙 준수, 도전정신, 세계 제일주의
9	카○○○오	공유와 신뢰, 충돌, 헌신
10	기○○○차	창조, 혁신, 실천, 도전

(출처 : 코스피, 2021.01. 기준, 필자 정리)

코스닥 시가총액

순위	회사	인재상
1	셀○○○어	창의성, 원칙 준수, 도전정신, 세계 제일주의
2	셀○○○약	창의성, 원칙 준수, 도전정신, 세계 제일주의
3	에○○○비	개척, 소통과 협업, 학습과 열정
4	씨○○○젠	전문성, 협업, 미래 지향
5	알○○○젠	열정, 적극성, 끈기, 도덕성, 긍정, 진실, 유연성·융통성, 아이디어
6	에○○○엠	도전, 신뢰, 변화와 혁신
7	C○○○M	책임, 자율, 몰입
8	펄○○○스	집요, 야성, 신뢰
9	S○○○즈	도전, 실행, 역량 개발, 팀워크
10	카○○○즈	개척정신, 열린 사고, 몰입·주도성, 창의, 홍익인간

(출처 : 코스닥, 2021.01. 기준, 필자 정리)

세종대왕의 인재 채용

어디든 인재를 구해 쓰려는 노력은 예나 지금이나 다른 게 없다. 조선 초기 태종 이방원이 왕권 회복 일환으로 정치적 숙청을 통해 다음 세대의 왕이 안정적인 정권을 운영할 수 있는 토대를 마련했다지만, 그로인해 어수선한 상황으로 주변에서 우수한 인재를 구하기가 어려웠다.

세종은 인재 등용에 대한 아이디어를 얻기 위해 1447년에 '인재를 어떻게 구해 쓸 것인가?'란 과거시험 문제를 출제하였다. 그는 서문에서 국왕이 인재를 쓸 수 없는 경우 세 가지와 인재의 종류 14가지를 설명하고 인재를 등용하고 양성하며 분별하는 방법을 제시하라고 하였다.

세종의 고민이 담긴 시험 문제에 장원으로 급제한 강희맹姜希孟, 조선 전기의 문신의 답안을 정리하면 다음과 같다.

강희맹은 "세상에는 완전한 사람은 없으므로 그 사람의 단점을 지적한다면 제아무리 뛰어난 인재라도 동기 부여가 되지 않기 때문에 그 사람에게 맞는 적합한 자리에 배치해야 한다."고 하였다. 즉, 단점을 버리고 장점을 취하는 것이 국왕이 지녀야 할 인재 등용의 원칙이라고 하면서 인재를 구해 쓰는 방법을 제시하였다.

첫째로 14가지 인재의 종류 중에 뛰어난 인재와 허물이 적은 인재, 내쳐야 할 인재를 구분하는 일이 중요하다고 하였다. 그중에 내쳐야 할 인재는 모든 관직에서 물리쳐야 한다고 하였다. 둘째로 인재를 양성하는 것인데, 뛰어난 인재와 내쳐야 할 인재를 제외한 나머지 사람들이 이에 해당한다고 하였다. 이들을 적합한 자리에 배치하여 교화를 물레와 화로로 삼아 한 시대의 인재를 빚어내고 단련시키는 데 격려를 해준다면 커다란 공적을 누리게 된다고 하였다.

실제로 세종은 인재 등용 시 단점을 보기보다 장점을 취하는 인사정책을 취했는데, 대표적으로 황희 정승을 들 수 있다.

그는 세종이 왕위에 등극하기 전부터 많은 대신들이 반대했던 인물이다. 우리에게는 청백리로 알려져 있지만, 조선왕조실록에는 간통, 아들과 사위의 재판 지연, 매관매직, 이권 청탁 등 좋지 않은 탄핵 상소들이 기록되어 있다.

그럼에도 불구하고 황희를 중용한 것은 국왕이 골머리를 앓을 때마다 문제의 본질을 꿰뚫고 해결책을 제시하는 능력이 탁월했기 때문이다. 또한 뛰어난 인재 발굴 능력을 가지고 있었는데, 세종의 황금기를 이끈 장영실, 최윤덕 장군 등을 발탁하였다. 그는 누구라도 능력이 있으면 지위고하와 신분을 따지지 않고 인재를 등용한 것으로 알려졌는데, 요즘말로 하면 직무 중심의 블라인드 채용을 했던 것이다.

넷플릭스의 인재 채용

넷플릭스Netflix는 구글Google과 언제나 비교된다. 동일한 인재를 놓고 경쟁하는 일이 비일비재하기 때문이다. 하지만 두 회사는 채용 방식이 분명히 상이한데, 그 이유는 비즈니스를 성장시키는 방법이 서로 다르기 때문이다.

넷플릭스 최고인재책임자(CHO, Chief Talent Officer)였던 패티 맥코드Patty McCord는 넷플릭스의 인재 철학을 다음과 같이 설명하였다.

첫째, 뛰어난 사람을 채용하고 해고하는 것은 해당 부서 관리자가 결정한다. 둘째, 모든 직무에는 적당한 사람이 아닌 매우 적합한 사람(right people)을 채용하려고 노력해야 한다. 셋째, 아무리 훌륭한 직원이라도 그 직원의 기술(능력)이 회사에 더는 필요치 않다면 기꺼이 회사와 헤어질 준비를 해야 한다.

넷플릭스는 그 뿌리가 동영상 스트리밍으로 시작한 회사라서 사업의 기술적인 특성 때문에 각 부서의 관리자들이 채용 과정에 의무적으로 관여하게 되어 있다. 특히 직원을 채용하는 관리자는 채용 인터뷰가 그 어떤 회의보다 중요한 우선순위를 가지고 있다. 아울러 채용 담당자가 비즈니스맨이 되기를 요구하고 있는데, 이것은 인재채용팀이 사업의 니즈(needs)를 깊이 이해해야 한다는 것이다. 이에 대해 패티 맥코드는 그 이유를 다음과 같이 설명하였다.

"인재채용팀의 업무는 관리자들을 위해 존재하고 그들에게 서비스하는 게 아니라 우리의 고객들에게 서비스하는 것이다. 제품관리자나 마케터뿐만 아니라 전 직원이 고객의 니즈를 알아야 하며, 회사의 제품에 대해 개발자만큼이나 깊이 이해하고 있어야 한다."

아마존의 인재 채용

전 세계에서 창립 후 이렇게 급격하게 성장한 회사는 아마존밖에 없을 것이다. 아마존의 주가는 이 책 집필 당시 주당 3,185달러를 기록하며 시가총액 1.6조 달러로 애플, 마이크로소프트에 이어 3위를 달리고 있다.

아마존 초창기에 입사해 12년간 재직했던 박정준 씨가 밝힌 아마존의 채용 프로세스와 채용 철학을 살펴보면 다음과 같다.

면접은 크게 두 종류로 실리콘밸리의 다른 회사들과 비슷한데, 1차 전화 면접과 2차 면접인 온사이트(on-site) 면접이 있다. 최종 면접의 경우 총 다섯 시간에 걸쳐 일대일 면접을 보기 때문에 지원자는 물론 면접관들에게도 많은 시간과 노력이 필요하다. 그렇기 때문에 사전 스크리닝 단계인 전화 면접에서 후보자들이 많이 탈락한다.

아마존은 '채용 과정에서 문제 접근 방법, 그리고 그 과정에서 후보자의 커뮤니케이션 능력을 보는 것이다. 즉, 골방에서 혼자 골똘히 생각하여 정답을 찾는 천재가 아니라 함께 소통하면서 어려운 문제라도 협력하면서 창의적으로 접근하는 인재를 선호하는 것이다.'라고 하였다.

다음은 Steemit에서 asbear님이 아마존 엔지니어 취업후기를 쓴 것으로, 처음 연락을 받고 최종 연봉에 사인하기까지 세 달 반이 걸린 적나라한 채용 과정을 보여주고 있는데, 우리나라였으면 상상하기 힘들 정도이다. 이 회사는 Behavioral Questions과 Bar Raiser라는 전문 인터뷰어가 있다는 것을 알 수 있다.

1단계 <폰 인터뷰>

인터뷰를 보기로 한 후, 미국 시애틀 AWS팀 엔지니어들과 2번의 폰 인터뷰를 하였다. 폰 인터뷰는 구글, 페이스북 등과 같은 회사의 인터뷰와 크게 다르지 않았다. 인터뷰어와 통화하면서 동시에 온라인으로 알고리즘을 구현하고 토론하는 게 주요 파트다. 아마존 인터뷰와 다른 점이라면 상당히 많은 시간을 Behavioral Questions에 투자한다는 것이다. 거의 20분에서 30분까지 이와 관련된 질의응답에 투자한다.

시니어 엔지니어와의 폰 인터뷰는 첫 번째보다 조금 더 intensive했다. 알고리즘 구현 20분, 클래스 설계 20분, 그리고 Behavioral Questions 20분 정도 한 것 같다. 각각의 인터뷰는 5분에서 10분의 질의응답 시간으로 마무리된다. 아마존과의 폰 인터뷰는 코딩과 디자인 실력은 당연히 중요하고, 추가로 Amazon Leadership Principles을 숙지하고 있는 게 좋다.

2단계 <온사이트 인터뷰>

온사이트 인터뷰 당일에는 크게 어려운 점은 없었다. 한 사람과 1시간씩 4시간 인터뷰를 했다. 인터뷰어들은 친절했고 문제들도 전반적으로 평이하고 쉬웠다. 두 번째 인터뷰에서는 알고리즘이 갑자기 생각이 나질 않아서 좀 당황했는데, 인터뷰어가 리드해 주어서 어찌어찌 잘 마무리하였다. 아마존 인터뷰의 가장 큰 특징은 이번에도 역시나 Behavioral Questions였다. Amazon Leadership Principles과 연관하여 질문 러쉬를 하는데, 가면 갈수록 굉장히 버거웠다. 정말 빠른 템포로 연관 질문을 이어가는데 땀이 날 지경이었다. 1시간 중 거의 20분에서 30분은 이 질문을 한다.

아마존 인터뷰에는 Bar Raiser 인터뷰가 있는데, 아주 높은 수준의 인터뷰어가 한 명 배정되어 어설픈 candidate를 걸러내는 게 목적이라고 한다. 나는 누가 Bar Raiser였는지 확실히는 잘 모르겠으나 짐작가는 사람이 한 명 있었다. 까다로운 질문들을 거세게 몰아붙이는데 집중 안 했으면 아마 끝까지 못버텼을 수도 있었겠다는 생각이 든다.

(출처 : Steemit, asbear님의 아마존 엔지니어 취업후기)

구글의 인재 채용

구글은 HR에 Data Analytics를 오래전에 적용한 기업으로 유명하다. 최고 인사책임자(CHRO, Chief Human Resource Officer)로 있었던 라즐로 복Laszlo Bock이 구글 채용 과정에서 여러 의미 있는 실험을 통해 나온 것 중에 공개한 내용을 보면 다음과 같다.

첫 번째는 지원자의 미래 업무 성과의 가장 좋은 예측 지표는 작업표본검사(work sample test)인데, 이것은 미래 업무 성과의 29%를 설명한다.

두 번째로 지원자의 미래 업무 성과를 예측하는 데 가장 좋은 지표는 종합인지능력(general cognitive ability)인데, 이것은 미래 업무 성과의 26%를 설명한다.

세 번째로 종합인지능력 테스트와 연동된 것으로 구조화 면접이 있는데, 이것은 업무 성과의 26%를 설명한다.

단일 기법만을 사용하는 것보다 여러 평가 기법들을 결합하는 게 더 낫다는 사실도 밝혀졌다. 예를 들어 업무 성과의 26%를 설명하는 종합인지능력 테스트를, 10%를 설명하는 성실성 평가와 결합할 때 합계 36%로 업무 성과를 더 잘 설명할 수 있다고 하였다.

그렇다면 구글에서는 채용 과정에서 어떤 평가기법들을 사용할까?

구글은 행동 면접과 상황 면접을 인지능력, 성실성, 리더십 등에 대한 평가와 결합하여 실시하고 있다고 한다.

밀레니얼 세대

밀레니얼 세대(Millennial Generation)는 학자들마다 약간씩 정의의 차이가 있지만, 위키백과 사전을 인용하면 1980년대 초반부터 1990년 중반 또는 2000년까지 출생한 세대로, 그중에서도 1981년생부터 1996년생까지를 주로 일컫는다.

미국 여론조사기관 퓨리서치센터는 2019년 1월 미국 내 세대 구분을 베이비부머(1946~1964년생), X세대(1965~1980년생), 밀레니얼(Y세대, 1981~1996년생), Z세대(1997~2012년생)로 정의했다.

밀레니얼 세대는 십대 시절부터 스마트폰, SNS에 익숙해지면서 디지털 기술 및 온라인 환경에 빠르게 적응한 세대라고 할 수 있다.

세대 구분과 키워드

구분	1970년생	1980년생	1990년생	2000년생
세대 구분	X세대	밀레니얼세대(Y세대)		Z세대
인구 비중	24.5%	21%		15.9%
미디어 이용	디지털 이주민	디지털 유목민		디지털 네이티브
성향	물질주의, 경쟁사회	세계화, 경험주의		현실주의, 윤리 중시
상징 제품	TV	스마트폰, 태블릿		유튜브, 웨어러블
관심사	워라밸	자유		개인의 행복
직업의식	개인 포트폴리오, 전문 능력	디지털 창업, 조직을 위함이 아닌 협업		유연한 고용, 본업과 부업 멀티태스킹
키워드	개성, 개인주의, 대중문화, 서태지와아이들	자기계발, YOLO, 언택트, 핫플레이스, 펭수, 가심비		콘텐츠, 크리에이터, 스트리밍, 급식체

(출처 : 월간 서울동향리포트, 2019.12.)

국내에서 밀레니얼 세대는 2016년부터 본격적으로는 언론에 등장하기 시작했다.

5년 치 뉴스 기사를 가지고 주요 키워드와 특징을 살펴보면, 인스타그램, SNS, 유튜브, 라이프, 미디어, 신입사원 등으로 나타났다. 이런 것들은 어려서부터 멀티미디어에 적응하면서 자랐기 때문에 그들의 일상적인 행동양식이며 커뮤니케이션 채널이 되었다.

서울대학교 소비자트렌드분석센터 김난도 교수는 밀레니얼 세대는 성공보다 일과 삶의 행복을 추구하고, 개성이 드러나는 책상을 좋아하며, 불필요한 회의를 싫어한다고 하였다. 또한 회사에 대한 충성이 아닌 이해관계를 따지고 수평적인 문화를 추구하며, 승진보다는 본인의 성장을 우선시한다고 하였다. 아울러 밀레니얼 세대는 다양한 업무 공간에서 일하는 것을 좋아하고, SNS를 통해 직장생활을 공개하는 것을 좋아한다고 하였다.

〈90년생이 온다〉의 저자 임홍택씨도 비슷한 맥락으로 밀레니얼 세대의 직원은 복종이나 권위 같은 강압적인 방식은 더 이상 통하지 않는다고 하였다. 따라서 무조건 버티라고 하지 말고 현실적인 기대를 제시하며 환경에 적응할 수 있게 다독여 줌으로써 지금 하고 있는 일에서 성장할 수 있는 기회를 주어야 흥미를 잃지 않게 된다고 하였다.

새로운 인재 선발 방식

채용 환경의 변화로 인재 선발 방식에 많은 회사가 관심을 가지면서 선진 글로벌 기업들은 새로운 방법을 통해 회사의 기준에 맞는 인재를 선발하고 있다.

LG경제연구원에서 나온『채용 혁신 기업에서 배우는 인재 선발 방식』에서 선진기업들의 주요 특징은 입사자의 성과예측력 검증, 전문면접관 운영, AI 채용, 채용 브랜드 관리라고 하였다.

링크드인LinkedIn은 앞으로의 채용 환경 변화에 대해 다음과 같이 설명했다.

첫째, 채용은 덜하고 내부 인력 순환이 증가할 것이다.

둘째, 다양한 지원자 파이프 라인과 인터뷰 채널을 구축하는 등 채용 프로세스를 재구성할 것이다

셋째, 가상 채용(AI 채용)이 코로나19 이후에도 계속되며 표준으로 자리잡을 것이다. 따라서 가상 채용에 대한 채용 프로세스 개선과 대면 면접의 이점을 채용에 활용할 수 있는 방안을 고민하게 될 것이다.

넷째, 클라우드 기술의 발달로 원격근무가 지역적 한계를 극복하면서 다양한

인재풀, 일의 생산성 증가, 사무실 임차료 절감 등을 가져올 것이다.

다섯째, 고용브랜딩에 대한 예산이 증가하거나 비슷해질 것이다. 코로나19 상황에서도 직원, 고객, 지역사회를 지원하기 위해 회사가 어떤 일을 하는지 홍보하는 등 고용브랜딩에 대한 집중과 노력이 더 이루어 질 것이다.

여섯째, 리쿠르터는 비즈니스 환경의 변화에 맞게 새로운 역량을 개발하는 등 새로운 기술을 배울 수 있는 적응력이 가장 필요한데, 채용 담당자가 가장 빠르게 배워야 할 스킬 중에 자기계발이 중요하다고 하였다.

앞으로는 후보자의 성과 예측뿐만 아니라 인재 확보 전반에 걸쳐 데이터 기반의 의사결정 및 통찰력을 제공할 수 있어야 한다. 이미 진행이 되고 있기 때문이다.

〈다시, 사람에 집중하라〉의 저자 댄 쇼벨Dan Schawbel은 AI 채용에 부정적인데, 본질적으로 채용은 개인이 가진 재능을 업무와 팀에 맞는 곳으로 연결하는 데 초점을 맞춰야 한다면서 성격을 보고 채용하라고 하였다. 기술은 가르칠 수 있지만 성격은 그럴 수 없기 때문에 당사자 성격을 보고 채용해서 기술을 훈련시키라고 조언한다.

테슬라의 일론 머스크Elon Reeve Musk는 "나의 가장 큰 실수는 성격이 아니라 재능에 너무 많은 비중을 두는 것이다. 좋은 마음을 가졌는지가 중요하다."면서 바보를 채용하지 말라고 하였다.

〈연구원은 무엇으로 사는가〉의 저자 유진녕, 이성만은 오랜 경험을 통해 글로벌한 우수한 인재를 확보해도 대부분의 인재들이 입사를 결정하기 전에 그 회사에 근무하는 선후배나 지인을 통해 근무 환경, 연봉, 상사의 리더십 등을 문의한다고 하였다. 따라서 우수 인재를 채용하는 방법과 유지하는 것은 동일하기 때문에 결국은 좋은 조직문화를 구축해야 한다고 하였다.

PART 03

국내 기업들의 인재 채용 실태 및 현황

신입사원 채용 실태

국내 기업의 채용 프로세스는 오랫동안 '서류전형 - 필기전형 - 면접전형 - 신체검사' 단계로 이루어진 방법을 사용해오고 있다.

구인구직사이트에 올라온 채용공고를 기준으로 표본검사를 해보면 필기전형이 저조한 편으로 나온다.

전형별 채용 프로세스

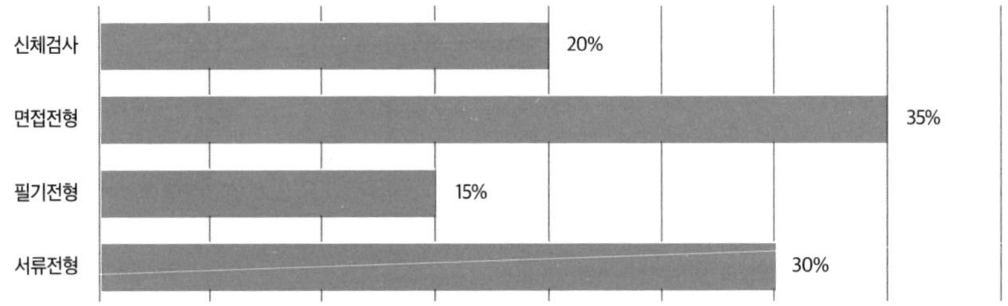

구인구직사이트를 기준으로 헤드헌팅을 이용하는 채용 외주 비율을 보면 전체 채용공고 대비(정규직 기준) 대략 10~20%에 해당하는데, 기업 규모별로는 중

소기업, 대기업, 중견기업 순으로 많이 사용하는 것으로 나타났다. 그만큼 중소기업이 인력 구인란에 시달리고 있는 것으로 보인다.

규모별 채용 외주 이용 비교

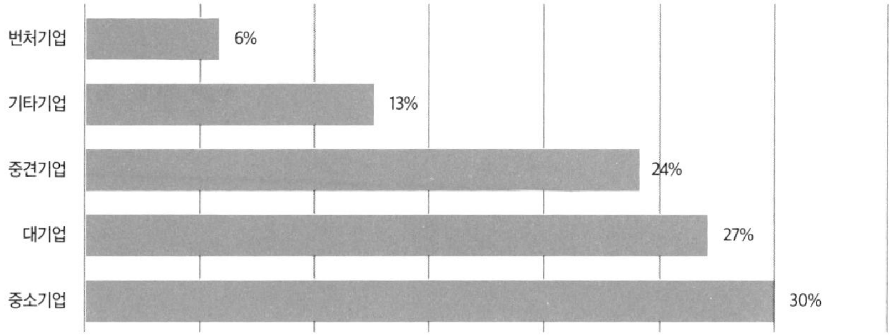

한국경영자총협회에서 발표한 「2017년 신입사원 채용실태 조사」 자료에 따르면 300인 미만 사업장은 1회 면접이 절반을 차지하였지만, 300인 이상 사업장은 대부분 2회 면접을 보는 것으로 나온다. 이것은 기업 규모가 작을수록 채용에 대한 절차, 기준, 방식 등이 고도화되어 있지 않은 것으로 추정된다. 물론 지원자가 별로 없는 것도 그런 배경일 수 있다.

실무 면접 또는 임원 면접에서는 기업 규모와 상관없이 공통사항이 발견된다. 실무 면접은 '업무 지식'이, 임원 면접은 '조직적응력'이 높은 배점을 차지하였다.

그리고 인턴 등 유사 직무 경험이 채용에 미치는 영향으로 기업 규모에 상관없이 절반 이상을 차지하였다. 앞으로도 이런 현상은 기업의 현실을 감안할 때 변하지 않을 것으로 보인다.

블라인드 채용 실태 조사 및 성과 분석

블라인드 채용에 대한 실태 조사 및 성과 분석 자료는 최근 몇 년 사이 보고서 등을 통해 많이 공개되었으며, 2017년 하반기부터 공공기관에 블라인드 채용이 의무화되면서 민간기업에까지 확산되고 있는 추세이다.

블라인드 채용 기준이 필기시험을 통한 입사 방식일 수도 있고, 스펙을 블라인드 처리하는 방식인 경우도 있다. 여기서는 후자와 관련하여 실태와 성과 분석을 통해 민간기업이 어떤 시사점을 얻을 수 있는가 분석하고자 한다.

실태 조사

한국직업능력개발원이 발표한『블라인드 채용 청년 구직자 인식·실태조사』에서 구직자들을 대상으로 어떤 항목을 블라인드로 처리해야 하는지 설문 조사한 결과는 출신 학교, 학력, 성별, 사진, 나이 순으로 나왔다

2019년 7월 채용절차법이 시행되고 1년이 지난 후에 채용 플랫폼에서 구직자를 대상으로 블라인드 채용이 공정한 채용에 미친 영향을 설문조사한 결과에

서도 어느 정도 영향을 준 것으로 나타났다.

실제로 인터넷 플랫폼 회사인 K사의 블라인드 입사지원서 양식을 보면, 불필요한 내용은 삭제하고 능력 위주 채용을 위해 노력한 것을 알 수 있다.

입사지원서 양식

필수 입력 항목	선택 입력 항목
• 경력 사항(회사명, 입사일, 퇴사일, 직원 유형, 직급, 업무) • 프로젝트 수행 이력(프로젝트명, 시작일, 종료일, 프로젝트 유형, 소속 회사명, 주사용 기술, 프로젝트에 대한 소개와 본인이 수행한 역할) • 병역 정보 • 자기소개(1,500자) • 포트폴리오 첨부	• 학력 정보(학력, 학교명, 전공, 학점, 입학일, 졸업일, 졸업 여부) • 자격 및 수상(종류, 시험명, 주최기관, 점수[급], 취득일) • 어학(언어, 시험명, 주최기관, 점수[급], 취득일) • 보훈 대상, 장애 대상

효과

한국산업인력공단에서 발표한 「편견 없는 채용·블라인드 채용 실태조사 및 성과분석 최종보고서」에 따르면 몇 가지 중요한 사항을 알 수 있다.

첫째, 직무와 적합한 후보자가 선발되어 직무만족도가 높아졌고, 업무 수행능력이 증가하였다.

둘째, 지원자에게 채용 과정의 공정성을 각인시켜서 조직에 대한 충성도와 애착이 상승하였다.

셋째, 학벌 등 스펙 기준을 배제하여 능력 있는 지원자를 채용할 수 있는 확률이 높아졌다.

넷째, 다양한 연령과 직무 경험자, 전공이 다양한 후보자들이 입사하게 돼서 인력 구성원의 다양성이 증가되었다.

다섯째, 채용 비리와 학벌을 타파하여 긍정적인 이미지를 심어주었다.

물론 직무 중심의 블라인드 채용이 효과를 얻기 위해서는 주의해야 할 사항도 있다.

첫째, 교육을 통해 바꾸기가 어려운 속성을 평가해야 한다. 사람의 인성은 환경이 변해도 쉽게 바뀌지 않는다. 교육을 통해 바꿀 수 있는 것도 있고 바꾸지 못하는 것도 있다. 따라서 교육으로 얼마든지 습득할 수 있는 것들은 평가할 필요가 없다.

둘째, 학습 능력을 중요하게 평가해야 한다. 직무 관련하여 경험과 지식을 가지고 있으면 다른 후보자보다 높은 평가를 받을 수밖에 없다. 지식은 얼마든지 입사 후에도 배울 수 있지만 열정과 학습 능력이 없으면 새로운 지식을 습득하는 데 어려움이 있게 된다. 특히 4차 산업혁명시대에는 지식근로자에게 학습 능력이 더욱 더 중요해지게 될 것이기 때문이다.

우리나라 인력 채용 방식과 변화

공채의 발원지는 일본으로 우리나라는 50년 넘게 대기업을 필두로 공채가 이어져 오고 있다. 현대그룹 창업자인 고(故) 정주영 회장이 신입사원 연수원에서 직원들과 씨름을 자주 하였는데, 그 시대 대기업의 그룹 채용과 공채의 위상을 알 수 있는 단면이다.

공채는 안정적인 인력 수급이라는 장점이 있지만 최근 빠르게 변화하는 경영환경에 맞지 않아서 기업의 노동탄력성에 제약 조건이 되버렸다. 그럼에도 불구하고 과거만큼의 대규모 채용은 아니지만 대기업 세 군데 중 한 군데는 공채를 하면서 그 명맥은 계속 유지해오고 있다.

그것이 가능했던 이유는 경제성장률이 매년 뒷받침되어 그만큼의 인력 수요를 충당할 수 있었기 때문이다. (2020년은 코로나19 변수로 마이너스 성장이라 제외)

경제성장률

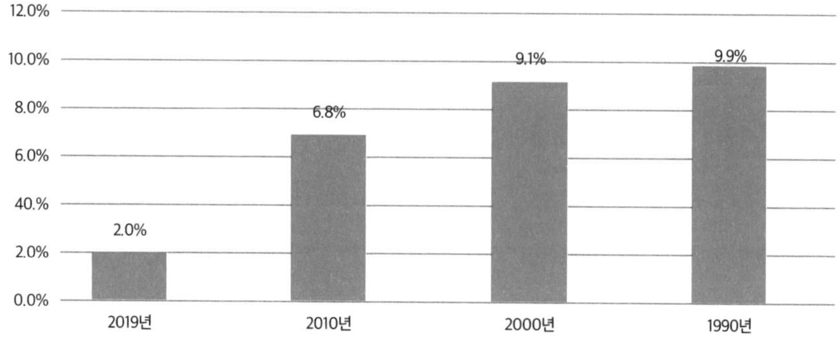

(출처 : 통계청)

4차산업 및 기업의 디지털 트랜스포메이션 변화에 따라 ICT 인력이 대거 필요해지면서 전통적인 직무 수요는 정체되거나 퇴사 시에만 충원하는 방식으로 유지되었다.

국내 ICT 인력 현황

년도	2011년	2019년	증감	비고
인원	923,336	1,043,050	119,714	

(출처 : 통계청)

구인구직사이트에 올라오는 채용공고를 분석해보면 수시 채용과 정기 채용이 비슷한 비율로 나오고 있으며, 그 외 정규직 전환형 인턴 채용 등도 활용하고 있다. 또한, 국가직무능력표준(NCS)에 대한 관심이 높아지면서 점차적으로 이를 활용하는 기업이 많아지고 있다. 물론 4차산업 업종에는 잘 맞지는 않지만 기존 산업에는 잘 매칭이 된다.

최근에는 대기업들이 공채를 없애거나 줄이고 수시 채용을 대폭 확대하는 등 채용 방식도 기업 환경에 맞춰 변하고 있다.

수시 채용이 확대되면 직무에 적합한 인재를 채용하기 위해서는 무엇보다 직무 역량을 검증하기 위해 면접을 강화할 수밖에 없다. 최근에 S그룹 인사팀 전원이 전문면접교육기관으로부터 교육을 받고 자격증을 취득한 경우가 있었다. 인사 담당자들도 컨설턴트 역할을 수행해야 하는데, 내부 실무 면접관들을 교육시켜야 우수 인재를 채용할 수 있기 때문이다.

이제는 코로나19 상황이 장기화되면서 AI 면접 방식도 새로운 트렌드로 자리 잡아가고 있다. 예전에는 KT의 스타 오디션 면접을 비롯해서 식사 면접, 등산 면접, 합숙 면접, 술자리 면접 등 이색 면접을 활용하기도 하였다.

특히 삼성전자 같은 경우에는 One Day 면접이라고 해서 임원 면접, 직무 면접, 창의성 면접 등 세 가지를 시행해오다가 코로나19 이후 비대면 면접으로 전환하면서 임원 면접과 직무 면접으로 축소하고 약식 GSAT를 통해 직무 역량을 교차 검증한다고 하였다(직무·직군별로 창의력 면접은 있을 수 있음).

면접 방식은 그 기업 문화에 맞는 인재를 채용하기 위한 것이라 어떤 것이 정석이라고 할 수는 없지만, 대다수 기업이 초일류기업인 삼성을 벤치마킹하기 때문에 참고할 만하다고 할 수 있다.

PART 04

언택트시대와 데이터 과학

언택트시대의 도래

코로나19로 새롭게 뜬 용어가 있다. '언택트 기술', '언택트 산업' 등 언론 및 홍보에서 빠지지 않고 등장하는 용어이며, 언택트 업종에 속하는 회사는 주식시장에서도 그 가치를 새롭게 인정받고 있다. '언택트(untact, 비대면)'라는 단어는 사실 몇 년 전에 〈트렌드코리아 2018〉라는 책에 처음으로 등장하였다.

당시 온라인 비즈니스가 대세를 이루면서 비대면 기술이 본격적으로 확산하는 시기였으므로 이런 기술들을 통틀어 '언택트'라고 정의를 내렸다. 코로나19로 인해 대중에게 널리 각인이 되었지만, 사실 비대면 기술은 이미 몇 년 전부터 태동되기 시작하였다. 최저임금의 급격한 인상과 코로나19 바이러스 감염이 일찍 그 시대를 앞당기는 역할을 한 것이라고 볼 수 있다.

4차 산업혁명시대 미래의 핵심 역량과 변화

WEF(World Economic Forum)에서 발표한 보고서를 토대로 미래 사회에서 모든 산업과 직무에서 요구되는 핵심 직무 역량 35개를 소개하면 다음과 같다.

역량	기본 기술	교차 기능 기술	
인지 능력 • 인지적 유연성 • 창의성 • 논리적 판단 • 문제감수성 • 수학적 판단 • 시각화	**콘텐츠 능력** • 능동적 학습 • 말하기 표현 • 읽기 독해력 • 작문 표현력 • ICT 활용능력	**사회적 능력** • 협업 능력 • 감성지능 • 협상력 • 설득력 • 서비스 마인드 • 타인에 대한 훈련과 교육	**자원관리 능력** • 재무적 자원관리 • 물리적 자원관리 • 인적 자원관리 • 시간관리
신체 능력 • 기초체력 • 수동 손재주와 정확성	**업무처리 능력** • 능동적 청취 • 비판적 사고 • 자신과 동료에 대한 관찰	**시스템 능력** • 의사결정 판단력 • 시스템 분석력	**기술적 능력** • 장비 유지 및 보수 • 장비 조작 및 작동 • 프로그래밍 • 품질관리 • 기술과 유저 경험 디자인 • 문제 해결

(출처 : World Economic Forum, based on O*NET Content Model)

미래 사회에는 복합문제 해결능력과 인지능력 등이 더욱 높아질 것으로 전망된다.

역량 요구사항 비교 TOP 10

2022년 트렌드	2022년 쇠퇴
• 논리적 사고와 혁신	• 수동적 손재주 및 인내력, 정확성
• 능동적 학습과 학습전략	• 기억력, 언어능력, 귀의, 공간능력
• 창의성 ,독창성, 발의	• 재무적 자원관리, 물질적 자원관리
• 기술적 디자인과 프로그래밍	• 기술적 설치와 유지 보수
• 비판적 사고와 분석력	• 읽기, 작문, 수학과 능동적인 청취
• 복잡한 문제해결력	• 인적자원관리
• 리더십과 사회적 영향력	• 품질관리와 안전의식
• 감수성	• 동등과 시간관리
• 판단력, 문제해결력, 아이디어	• 시각화, 발의와 스피치
• 시스템 분석과 평가	• 기술적 경험과 관찰, 통제

(출처 : Future of Jobs Survey 2018, World Economic Forum)

머니볼 전략과 타격의 과학

경영학에서 머니볼(Moneyball ; the art of winning an unfair game)은 불공정한 게임을 승리로 이끄는 과학을 말하지만, 그보다 마이클 루이스Michael Lewis가 쓴 〈머니볼moneyball〉이라는 야구 서적을 계기로 대중에게 더 알려졌다.

잠깐 '머니볼' 영화 이야기를 하면, 메이저리그 꼴찌 구단인 오클랜드 애슬레틱스는 빌리 빈Billy Beane을 단장으로 선임하게 된다. 오클랜드 구단은 돈도 없고 팀 내 유명한 스타선수는 타 구단으로 빼앗기게 되면서 빌리 빈은 고민 끝에 새로운 방식에 도전하기로 한다. 전통적인 스카우터들이 회의를 할 때, '이들이 정말 야구 전문가 맞나?' 생각이 들 정도로 외모와 체형으로 야구선수를 판단하는 것을 보고, 빌리 빈은 환멸을 느끼고 자신이 직접 선수 발굴에 나서게 된다. 예일대 경제학과 출신의 피터 브랜드를 만나 '야구는 선수가 아닌 승리를 사는 것이다.'라면서 경험과 직관이 아닌 통계와 수치를 통해 선수를 발굴하는 그의 지론을 듣고 당장 그를 채용해서 새로운 방식인 장타와 출루율을 가지고 그동안 저평가된 선수를 발굴하게 된다. 드디어 오클랜드는 2002년 9월 4일 메이저리그 최초의 20연승을 달성하게 된다. 지금은 데이터 중심의 의사결정론을 말할 때 머니볼 이야기는 빼놓지 않고 등장할 정도로 대명사가 되었다.

야구에 통계적 사고를 접목시킨 머니볼 이론은 비단 야구에만 적용되는 것은 아니다. 이제는 스포츠를 넘어 제조, 의료, 금융, 서비스, 보험, 마케팅 등 여러 산업 분야에서 빅데이터 분석기법을 사용하고 있고, 미국에서는 HR에도 머니볼 이론을 적용하는 회사들도 있다.

테드 윌리엄스Ted Williams는 1941년 4할의 타율을 기록, 20세기 마지막 4할 타자가 되면서 명예의 전당에 헌정되었다. 그는 저서인 〈타격의 과학〉에서 타격에 대한 자신의 원칙과 기준을 말한다. 먼저 좋은 공을 골라서 치는 것이다. 좋은 공이라는 것은 어떤 코스로 들어오느냐에 따라 확률로 알 수 있는데, 스트라이크 존(Strike zone)을 삼등분했을 때 가운데 근처에 들어오면 4할 이상을 기록하는 반면에 바깥쪽 낮은 코스로 들어오는 경우에는 2할 3푼밖에는 기록할 수가 없다는 것이다. 스트라이크 존은 구석을 스치며 들어오는 공까지 포함해서 가로로 대략 일곱 개의 공이 들어갈 정도의 공간을 가지고 있다. 따라서 스트라이크 존에서 대략 5cm 벗어난 곳으로 들어오는 공까지 방망이를 휘두르면 그 타자는 투수의 스트라이크 존을 약 35% 넓혀주는 꼴이 돼버리게 된다고 한다. 그러면 '기껏해야 2할 5푼짜리 타자'가 되는 것이라고 말했다. 투수가 던지는 여러 구종의 변화구에 유혹을 느껴 방망이가 나가는 순간 삼진을 당할 수 있기 때문에 바깥쪽 공이 아니라 안쪽에 있는 타율이 높은 쪽으로 공이 들어올 때까지 참고 기다려야 한다. 즉, 좋은 공이 올 때까지 기다리면 된다는 것이다.

테드 윌리엄스의 원칙과 기준을 받아들인 사람은 의외로 워런 버핏이었다. 그는 좋은 투자 기회가 올 때까지 참고 기다려야 한다는 그만의 투자 원칙을 테드 윌리엄스에게서 배운 것이다. 수천 개의 기업들 중에서 좋은 가격에 나오면 매수하고, 그렇지 않으면 나올 때까지 기다리면 되는 아주 유리한 게임이라는 지론을 가지게 되었다. 사실 〈타격의 과학〉은 나온 지 몇 십 년이 되었는데도 지금도 신선한 충격을 주고 있다. 야구뿐만 아니라 애널리틱스기법은 여러 분야에서 실제 사용하고 있음에도 불구하고 유독 채용 분야에서는 덜 사용되고 있는 것이 우리 사회의 현실이다.

아직도 면접 과정에서 면접관의 경험과 주관적 판단으로 후보자를 판단하는 곳도 있다. 특히 임원 면접에서 '임원 개개인의 주관적 경험치에 따라 후보자에 대해 평가하는 것이 과연 맞을까?'라는 생각을 해보게 된다. 개인이 갖고 있는 경험치는 작은 표본에 불과한데 그것을 과하게 일반화하거나 이성이 아닌 감성으로 판단을 하는 등 인간이 가진 취약성을 아직도 극복하지 못하고 있다.

빅데이터와
행동경제학의 시대

다음의 도표를 보면 전 세계 데이터 규모가 연평균 20%씩 증가해 2025년까지 175ZB(Zettabyte : 1021을 의미하는 SI 접두어인 제타와 컴퓨터 데이터의 표시 단위인 바이트가 합쳐진 자료량을 의미하는 단위)에 달할 것이라고 전망하고 있다. 175ZB 용량이 어느 정도의 규모인지 예를 들어 설명해 보면, 블루레이 디스크를 쌓는다고 가정할 때 지구와 달 사이를 25번 정도 왕복할 수 있는 엄청난 사이즈라고 한다.

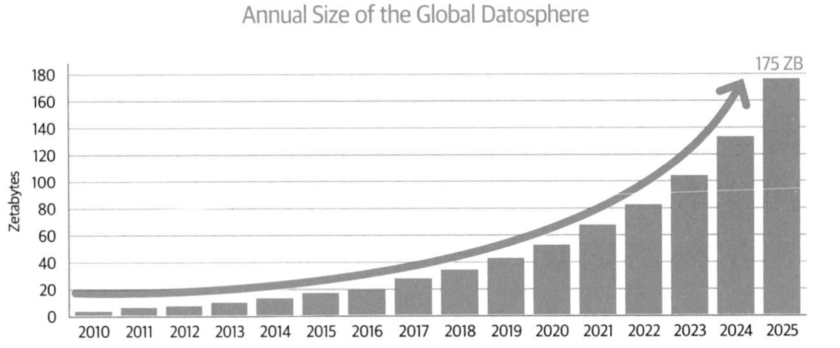

(Source: Data Age 2025, sponsored by Seagate with data form IDC Global DataSphere, Nov 2018)

이것이 가능할 수 있는 것은 사물인터넷(IOT), 5G, AI가 발달하고 있기 때문이다. AI는 학습데이터(Training Data)가 많으면 많을수록 예측력이 더 높아지기 때문에 앞으로 더 발전하게 될 것이다.

빅데이터는 모든 산업뿐만 아니라 우리 생활에도 영향을 주고 있으며, HR에도 그 변화의 조짐이 보이고 있다. HR 컨설턴트인 조쉬 버신Josh Bersin도 HR 분야에 있는 사람이라면 앞으로 애널리틱스 기법을 배워야 할 것이라고 말했다. 특히 IT 업종의 회사는 이미 실현하고 있는 단계이며 미국의 IT 회사들이 선봉에 서 있다.

여기서 간단한 퀴즈 하나를 풀어보는데, 다음 보기에서 연필의 가격은 얼마일까?

- 노트와 연필을 합친 가격은 1,100원이다.
- 노트의 가격이 연필의 가격보다 1,000원이 더 비싸다.

물론 100원이라고 대답을 할 것이다. 하지만 이런 쉬운 문제는 직관적으로 대답하기 때문에 오답을 내포하고 있다는 특징을 가지고 있다. 연필의 가격이 100원이라면 노트와 연필의 가격을 합친 가격은 1,100원이 아니라 1,200원(연필 100원 + 노트 1,100원)이 되어야 한다. 따라서 연필의 가격은 50원이다.

심리학자 키스 스타노비치Keith Stanovich와 리처드 웨스트Richard West는 인간의 인지적 사고에 대해 연구를 하고 두 가지 생각의 모드를 다음과 같이 정의를 내렸다.

'시스템1'은 직관적으로 빠르게 처리하는 방식이고, '시스템2'는 복잡한 계산 등 논리적으로 느리게 처리하는 방식을 말한다.

'시스템1'은 직관적으로 처리하기 때문에 편리하지만 신뢰할 수 없는 정보일 때 우리 두뇌가 경고 신호를 주지 않는다. 사람들은 과도하게 자신감을 갖고 자신의 직관을 상당히 믿는 경향을 보이는데, 이런 선택의 오류가 여기서 발생하지만 한편으론 옳은 일도 여기서 생긴다고 보면 된다.

매일 의사결정을 하는 경우 그것을 논리적으로 분석해야 한다면 우리 두뇌는 피로감에 버티지 못할 것이다. 아침에 일어나서 세면을 할지 말지 매일 고민을 해야 한다면 어떻게 되겠는가? 그러나 인간의 휴리스틱이 어느 정도 타당해도 전적으로 의존하게 되면 통계 논리를 위반하는 결과를 낳는다. 후광 효과로 인해 채용 과정에서 면접 오류가 발생하는 것도 하나의 사례라고 할 수 있다.

인간이 가진 인지적 취약성으로 인해 경우에 따라 이성적이고 합리적인 판단을 하지 못한다는 전제로 심리학과 경제학을 융합한 새로운 학문이 행동경제학이며, 그 창시자가 노벨경제학상을 수상한 대니얼 카너먼Daniel Kahneman 이다.

행동경제학은 이미 HR 분야에도 적용을 하는 등 다양한 산업에 영향을 주고 있다. 행동경제학까지 거론한 것은 채용 과정에서 우리도 모르는 사이에 시스템1 사고에 갇혀 있을 수 있기 때문에 면접 과정에서 데이터를 수집하고 분석해서 시스템2 사고를 해야 하기 때문이다. 대니얼 카너먼은 '시스템1은 쉽게 교육할 수는 없고, 그저 오류 발생 가능성이 높은 상황을 인지하는 능력을 키워야 한다.'고 말한다. 그렇기 때문에 인공지능을 활용한 채용시스템이 인간의 취약한 부분을 대체할 수 있는 방안 중에 하나로 등장한 것이다.

AI 화상 면접 및 AI 역량 검사

2016년 3월, 한국의 바둑기사 이세돌 9단과 구글의 인공지능시스템 알파고AlphaGo 대결은 AI(Artificial Intelligence) 가 우리 사회에 본격적으로 등장한 변곡점이라고 할 수 있다. AI라는 용어는 반세기가 넘을 정도로 오래되었는데, 1940년대 후반에서 1950년대 초반이 인공지능에 대한 개념적 이론이 태동하던 시기였다. 그 후로 많은 연구가 있었지만 한동안 암흑기를 거치면서 실험적 수준에 머물던 AI 연구가 본격적으로 사람들의 관심을 받게 된 시기가 1997년에 IBM에서 만든 딥블루라는 슈퍼컴퓨터가 체스 챔피언을 이긴 사건부터라고 할 수 있다. 그러나 하드웨어는 무어의 법칙(Moore's law ; 반도체 집적회로의 성능이 24개월마다 2배로 증가한다는 법칙)에 따라 비약적으로 발전하고 있었으나, 인공지능 알고리즘의 머신러닝(Machine learning) 분야는 여전히 답보 상태에 머물면서 정체기에 빠져들었다.

이 상황에서 구원투수처럼 등장한 사람이 인공지능 분야에서 이 사람을 빼고는 논할 수 없다는 제프리 힌튼Geoffrey Hintion 교수이다. 2006년에 제프리 힌튼은 딥러닝(인공신경망)에 대한 논문을 발표하게 되는데, 몇 년 후에 이 딥러닝 기술을 탑재하고 나온 컴퓨터가 바로 구글의 알파고였다. 이 시기는 데이터가 폭발적으로 증가하고 IT 기술이 발달하면서, 특히 인공지능시대의 총아인 엔비디아의 GPU 가속 컴퓨팅 기술 등장으로 딥러닝이 빛을 발하게 되는 최적의 환경을 갖추게 되면서 알파고를 선두로 한 인공지능 분야는 비약적으로 발전하게 된다.

세기의 대결이라는 마케팅 효과로 구글의 알파고는 전 세계의 이목을 집중시켰고, 인공지능 분야에서 단연코 앞서게 되었다. 구글은 한발 더 나아가 인공지능개발 플랫폼(Tensor Flow)을 대중에게 공개하면서 이제는 AI에 관심 있는 사람들은 구글 플랫폼을 이용해 다양한 분야에서 연구를 할 수 있게 되었다.

딥러닝 기술이 두각을 낼 수 있었던 이유는 지금까지 이런 배경과 기술의 공개가 있었기 때문에 가능했다고 할 수 있다. 요즘 말하는 AI의 기술적 배경에는 대부분이 딥러닝을 활용하고 있으며, 방대한 데이터만 가지고 있으면 누구나 AI를 적용한 솔루션을 개발할 수 있게 되면서 AI 중흥기에 들어서게 되었다. 5G가 초연결을 담당하면 AI는 초지능 역할을 담당하게 될 것이다. 손정의 소프트뱅크 회장은 첫째도, 둘째도, 셋째도 AI라고 주창하고, 앞으로 인공지능(AI)과 사물인터넷(IOT)이 모든 산업의 틀을 재편할 것이라면서 자신이 가진 돈 113조원을 여기에 투자했다.

최근 국내 HR 분야에서도 인공지능 기술을 이용한 AI 채용이 시도되고 있다. 대기업과 공기업까지 AI 면접을 도입한 곳이 계속 늘어나고 있다.

채용시장의 특징

AI 채용이 언론에 드러난 시점을 빅카인즈 뉴스 기사로 분석해보면, 2016년도 이전까지는 별로 관심이 없다가 2016년 이후부터 관심이 폭발적으로 증가하였다.

P그룹은 자사의 인·적성검사 대신 AI 역량검사를 실시하고, K그룹도 AI 역량검사로 대체하는 등 AI 역량검사를 실시하는 기업이 늘어나고 있다. 그러나 실제로 대기업을 비롯하여 AI 채용 도입을 하게 된 주된 배경은 팬데믹 현상에 따른 것이라고 할 수 있다.

국내는 해외보다 AI 채용 솔루션이 아직은 답보 수준이다. 대다수가 아는 몇 개 업체의 솔루션이 있으나 대기업 일부를 제외하고는 아직은 베타 수준이라서 채용 과정에서 보조 역할을 담당한다고 보면 된다. 물론 현재 시중에 나온 AI 채용 솔루션의 단점은 있다. 구글이 공개한 오픈소스(Tensor Flow)를 활용했지만 어떤 추론 과정을 거쳐서 결과가 나왔는지 알지 못한다는 점이다. 즉, 엔진을 가져다 자동차를 만들었지만 엔진이 어떻게 구동되고 설계되었는지는 모른다는 것과 같다.

최근 공공기관에서 블라인드 채용이 확산되면서 AI 채용에 대한 붐이 서류심사에서부터 인·적성검사 및 면접까지 활용 범위가 늘어나고 있다.

AI 채용 언론사 노출 빈도(2010년~2020년)

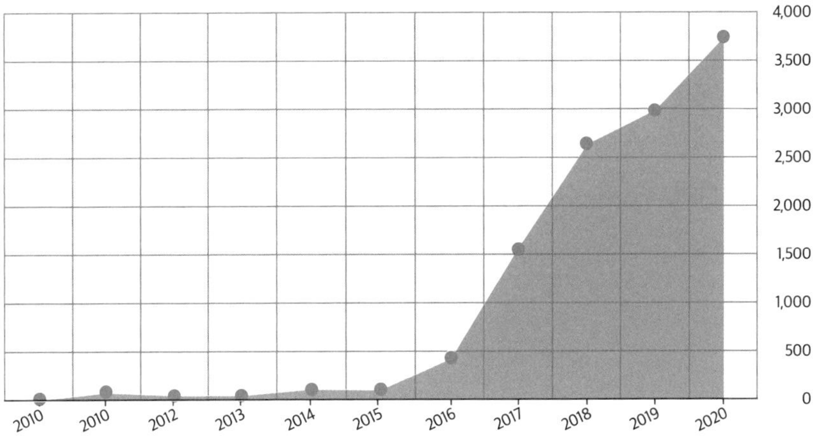

(출처 : 빅카인즈)

유의사항

AI 채용 솔루션 중에 특정 회사 제품을 많이 사용하고 있는데 이미 기출문제들이 공유되는 상황이라 변별력이 떨어지고 있다. 실제로 문제 푸는 노하우까지 공유되면서 연습을 통해 경험치가 누적되는 등 문제가 발생하고 있다. 특히 전략게임은 이미 어플까지 설치해서 테스트도 할 수 있고, 유튜브를 통해 후기가 올라오면서 지원자들의 학습치가 많이 올라간 상태로 보인다.

또한 화상 면접 시 자기소개 및 기본 질문에서 엉뚱한 대답을 해도 합격을 하였다는 후기가 올라오는 등 화상 면접의 단점이 여실히 드러나고 있다. 불완전한 AI 화상 면접의 기술이 아직은 답변의 질적인 내용까지 파악하는 수준이 아니라 목소리 톤이나 속도, 그리고 표정을 가지고 판단하기 때문이다.

삼성의 인공지능 비서인 '빅스비Bixby'도 아직은 발음의 부정확성도 파악하지 못하고 있는데, 일반 회사가 만든 솔루션이 그보다 못하는 것은 당연하다고 할 수 있다. 따라서 인사 담당자가 직접 녹화한 영상을 재생해서 엉뚱한 소리를 하고도 합격한 사람이 있는지 확인하여 AI 채용 솔루션의 사각지대를 없애야 한다. 여러 회사들이 많이 사용하는 범용 제품을 사용하게 되면 이런 문제점이 발생하게 되는 것이다.

우리가 어떤 민족인가? 미국 SAT도 시험을 복기해서 정복하는 민족이 아닌가. 앞으로 계속 새로운 패턴의 문제들을 만들어내지 않는 한 기존 문제들은 구직자들에 의해 하나씩 정복될 것이다.

PART 05

리쿠르터의 자질과 역할

비즈니스 파트너로 대하라

HR 담당자를 진정한 비즈니스 파트너로 대우하는 문화가 이루어져 한다. 현업 매니저와 HR 데이터를 연결해주는 사람이 리쿠르터(Recruiter)이기 때문이다. 그렇기 때문에 HR 부서 담당자는 변화하는 기술과 트렌드에 대한 끊임없는 관심, 지적 호기심, 비즈니스에 대한 이해와 관심, 사람을 판단하는 통찰력, 자신만의 철학을 골고루 갖추어야 한다.

HR 리더는 사업 부서 업무도 경험해보고, 사업 부서 리더에게는 인사 부서 업무를 경험, 이해시켜서 회사의 HR 전략과 혁신에 변화를 주어야 한다. 따라서 HR 리더는 회사의 핵심 업무를 경험하고 비즈니스 감각을 키워서 복잡한 니즈를 이해할 수 있는 능력을 갖춰야 한다. 이런 문화가 정착되면 비즈니스 파트너로 대하는 자세를 가지게 될 것이다. 넷플릭스에서는 모든 부서의 직원들이 비즈니스를 이해해야 한다는 철학을 공유하고 있다.

미래의 최고인사책임자(CHRO : Chief Human Resource Officer)가 되기 위해서는 HR이 비즈니스에 가치를 창출할 수 있는 창의적 인재이어야 한다. 무엇보다 인재가 기업의 가치창출에 직접적으로 연결될 수 있게 하는 전략적이고 선제적인 HR이 선행되어야 한다. 그리고 창의력과 실행력을 갖추고 사업에 영향력을 줄 수 있는 뛰어난 인재를 인사 부서에 우선 배치해야 한다. 구글의 전임 인사담당 부사장인 라즐로 복은 구글의 인사 부서 구성원의 3분의 1은 인사 및 인문 계열 경력자로, 3분의 1은 전략 컨설턴트로, 3분의 1은 데이터 분석가로 구성했다.

4차 산업혁명시대의 인재관리법을 다룬 〈얼라이언스Alliance〉의 저자 리드 호프먼Reid Hoffman은 채용 담당자가 할 역할은 인맥을 활용해서 유용한 정보를 얻거나 그들에게 영향력을 행사할 수 있는 인재의 채용이라고 하였다. 즉, 후보자의 다른 조건이 같다고 할 때 인맥 활용 능력이 뛰어난 인재를 채용하라는 것이다.

우리는 무엇을 하는 회사인가? 업(業)의 본질에 대해 명확하게 이해해야 한다. 뷰티업종 근무자는 사람들에게 화장품이 어떤 의미가 있는지 알고 있어야 아름다움에 관한 통찰력을 가질 수 있다.

고(故) 이건희 회장이 평소 강조했던 것이 업의 본질이었다. 많은 일화가 있지만 그중에서 단연코 돋보이는 것은 반도체 사업의 본질을 정확히 꿰뚫고 있었다는 점이다. 바로 오늘날의 삼성이 존재할 수 있게 만든 기반이 된 것이다.

채용 브랜딩

인사 담당자를 채용하는 공고를 보면 업무 내용 중에 '채용 브랜딩'이란 용어가 들어가 있는 경우를 볼 수 있다. 이 용어의 정식 명칭은 고용 브랜드(Employment Brand)인데 아직 NCS에 등재되지 않았고 학자들마다 그 정의에 대해서도 일치가 되지는 않았지만 그 중요성이 점차 확산되고 있다. 인재전쟁에서 우수한 인재를 확보하기 위해서는 장기적인 관점에서 고용 브랜드를 구축할 필요가 있다. 단순히 좋은 기업이라는 이미지보다는 조직문화와 그 기업의 아이덴티티를 바탕으로 한 기업 고유의 이미지를 구축하여 외부에 알림으로써 그 회사에 맞는 적합한 인재를 확보할 수 있는 것이다.

고용 브랜드는 한마디로 채용에 있어 내부 직원 및 잠재 구직자들에게 기업에 대한 매력을 느끼도록 설득하는 과정으로 그 기업에 대한 총체적인 이미지라고 할 수 있다. 예를 들어 수평적인 문화에 배울 것이 많고 보수도 괜찮은 곳이라고 인식한다면 고용 브랜드 가치가 높은 것이다.

고용 브랜드라는 개념은 마케팅에서 유래되었는데, 인적자원관리 분야에서도 브랜드 원칙을 적용하는 것을 고용주 브랜드라고 부른다(Backhaus & Tikoo, 2004).

고용주 브랜드에 대한 연구는 1984년 〈Fortune〉 잡지의 '미국 최고의 고용주' 선정에서 그 개념이 주목받기 시작하였다. 고용 브랜드의 개념은 1996년 런던 비즈니스스쿨 교수인 엠블러Ambler와 배로우Barrow가 처음 제안하였다. 고용 브랜드가 중요한 이유로 첫 번째, 보다 쉽게 인재를 유치할 수 있다는 점이다. 출산율 저하로 생산가능인구가 감소하면서 미래에는 인재 확보의 어려움이 가중될 것이다. 실제로 구직자들은 회사에 입사 지원하면서 고용 브랜드와 평판 조회를 통해 지원 의사를 결정하고 있다.

두 번째로 인재를 유지하는 효과가 나타난다. 고용 브랜드 가치가 높을수록 회사에 대한 충성심과 자긍심이 높기 때문에 이직률도 낮아지게 된다. 경쟁사가 아닌 재직 중인 회사만이 우수 인재를 유인하는 매력적인 니즈를 충족시켜 주고 있기 때문이다.

따라서 강력한 고용 브랜드를 위해 최고의 인재들이 원하는 가치, 회사의 고유한 특성(가치, 비전, 정체성 등)에 맞는 전략 수립과 경쟁사와 차별화된 독특한 브랜드를 구축해야 한다.

「고용브랜드에 대한 인식 유형이 기업 구직 태도에 미치는 영향에 관한 연구(한국광고학회, 2016)」에 따르면 보상제도, 복지제도, 기업 안정성, 채용 합리성, 개인 가치관과의 적합성, 기업 이미지가 구직 태도에 긍정적인 영향을 미치는 것으로 나타났다.

고용 브랜드 구축 프로세스

고용 브랜드 구축을 위해서는 회사의 인사전략과 CEO의 관심 다음으로 중요한 것이 직원가치제안(EVP : Employee Value Proposition)이다.

직원가치제안은 학자들마다 정의가 조금씩 다른데, 조직을 위해 일하는 매력과 특성을 설명하는 데 사용되는 전문용어로 복리후생, 일하는 방식, 다양한 특성을 포함한다.

직원가치제안은 조직에 아주 중요한 효과를 가져온다. 몰입감이 29% 향상되고, 인재 채용 비용을 50% 절감할 수 있으며, 직원이 회사 옹호자 역할로 평균 23% 증가하게 된다고 하였다. (출처 : talentsmoothie.com)

EVP 도출 프로세스

1. 핵심가치, 비전 설정	2. EVP 설계	3. EVP 실행, 진단	4. 개발 및 활용
회사 CEO의 주관으로 인사철학 및 조직문화 등의 핵심가치, 비전 설정	업종에서 경쟁사 대비 강·약점을 파악하고 비즈니스니즈에 부합하는 목표인재를 선정하여 EVP 방향 설정	도전적인 업무, 성장성, 안정성, 복리후생 등 핵심 영역을 선정하여 세부 계획 실행 및 대·내외 홍보 활동	정기적인 조사를 통해 시장의 인식의 차이를 좁히고 일관된 관리 및 평가로 장기적이고 신뢰성 있는 고용 브랜드 구축

고용 브랜드 사례

밀레니얼 세대는 금전적인 보상뿐만 아니라 워라밸, 성장성, 함께 일할 동료들까지 모두 고려하기 때문에 이러한 니즈를 충족시켜주지 않으면 지원하지 않을 가능성이 높다. 단순히 일만 하는 곳이 아닌 회사가 추구하는 인재상부터 그 회사만의 고유한 아이덴티티를 대외적으로 알려줘야 채용시장에서 우수한 인재들이 지원할 수 있게 된다.

채용 플랫폼 사이트에서 최근 구직자 및 직장인 대상으로 한 설문조사를 한 결과를 보면, '입사하고 싶은 기업'으로 카카오와 네이버가 삼성전자보다 높게 나타났다. 또한, 뉴스기사에서 전년 대비 가장 많이 언급한 회사를 분석 비교해 보면, 네이버는 20%, 카카오는 39% 증가하였으며, 삼성전자는 2% 감소한 것으로 나타났다.

카카오와 네이버가 삼성을 제친 이유는 최근 코로나로 인한 언택트 업종의 강세(주가 폭등)와 자율적인 조직문화의 특성이 감안된 것으로 보인다.

고용 브랜드를 대표적으로 열심히 홍보하는 곳은 IT 플랫폼 회사들인데, 이들은 기업문화, 채용철학, 업무방식 등을 대외적으로 공개하고 있다.

이커머스 기업 C사가 테크직군 경력직 200여 명의 채용을 진행하면서 합격자에게 최소 5,000만원의 입사 축하금 성격의 사이닝 보너스를 지급한다는 뉴스 기사가 있었다. C사 채용 담당자는 세계에서 가장 빠르게 성장하는 이커머스 기업에서 자신의 미래를 만들어 나가고, C사와 함께 세상을 바꿔 나갈 인재를 적극 채용한다면서 우수한 인재에게 최고 수준의 경제적 보상은 물론 훌륭한 근무 환경과 글로벌 최고 수준의 동료들과 함께 일하는 기회를 제공한다고 하였다. 대표적인 자사의 고용 브랜딩을 위한 홍보 사례라고 할 수 있다.

K사는 설립 초기부터 '님' 자조차 필요 없도록 모두 영어 이름을 의무적으로 만들어 부르도록 했다. 영어 이름을 가진 K사의 동료로 서로에게 인식되기에 좀 더 편하고 자유롭게 토론할 수 있는 환경을 조성했고, 타 회사와 다르게 직급체계를 없애버렸다는 점도 기여했다. 조직구조는 직책을 중심으로 이루어지지만 대화할 때는 오직 영어 이름만 부르기 때문에 수평적인 조직문화를 구축하게 되었다. 또한 공유와 신뢰, 충돌, 헌신이라는 K사가 추구하는 핵심 가치는 의견이 자유롭게 오가는 수평적 조직을 구축하는 데 중요한 역할을 했다. 뿐만 아니라 인사 부서가 나서서 조직문화를 개선하는 데 앞장선 것이 아니라 경영진들이 수평적 조직문화를 조성하는 데 적극적으로 관심을 가지고 문제를 해결하기 위해 노력했기 때문에 가능했다고 볼 수 있다.

피터 드러커는 미래 조직의 성공을 결정짓는 가장 중요하고 유일한 요소는 최고의 인재를 유치하고 그들을 붙잡아 두는 것이라고 강조했다. 지식 기반의 4차 산업에서의 성과는 지식근로자들을 채용하고 유지하면서 그들을 동기부여시킴으로써 나오게 될 것이다.

고용 브랜드 홍보 프로그램 사례

산학협력

국내·외 우수 대학들과 공동연구에 대한 양해각서 체결 또는 기자재 지원, 인력 양성 협약(석·박사 통합 과정을 회사가 지원하고 졸업 후 입사) 등과 마이스터고, 특성화고, 특성화 대학 등과 산학협력을 맺어 다양한 분야의 인재를 유치한다.

캠퍼스 리크루팅

채용 담당자가 국내 주요 대학을 순회하며 기업 홍보 및 대학생 인턴 면접을 통해 회사 홍보 및 인재를 유치한다(요즘은 상시 채용으로 뜸하지만 과거에는 공채, 인턴 채용을 위해 대다수의 기업이 진행).

채용 설명회

코로나19로 인한 사회적 분위기와 상시 채용으로 인해 채용 설명회가 뜸해졌지만 과거에는 대표이사가 참석할 정도로 대표적인 채용 행사 중에 하나였다. 물론 현재도 외국계 회사나 일부 회사들은 회사 홍보 차원에서 정기적으로 채용 설명회를 열고 있다.

유튜브 활동

요즘은 대기업들이 유튜브로 직무 소개 콘텐츠, 온라인 질의응답 등 채용 홍보를 많이 하고 있는데, 그중에서 SK이노베이션의 활동이 두드러진다. '우리에게 혁신은 자연스럽다.'라는 콘텐츠는 언론에 보도될 정도였으며, 조회수가 1,700만을 넘어섰다. 그 외 직무소개 및 입사꿀팁 등은 구직자들에게도 도움이 될 정도로 다양한 콘텐츠를 자랑한다. 외국 사례의 경우 몇 년 전에 하이네켄의 실제 인재 채용 과정을 각종 소셜 미디어에 광고 형식으로 각색해서 올렸는데 당시 조회수가 500만이 넘었고, 언론에 보도되면서 대히트를 쳤으며, 다음 해 입사지원자가 300%가 넘었다고 한다.

슬로건 배포

B플랫폼 회사의 경우 '송파구에서 일을 더 잘하는 11가지 방법'은 이미 온라인상으로 많이 퍼진 내용으로, 이 회사가 추구해야 할 업무 방식을 구체적으로 표현한 것으로 조직문화를 알 수 있는 슬로건이라 할 수 있다.

홈페이지 직무 소개

입사하기 전에 지원 직무에 대해 잘 알면 자신의 적성에 맞아서 지원자들의 입사 성공률도 높아지고, 궁금증과 호기심이 해소되기 때문에 면접 노쇼도 줄어들게 된다.

대기업은 채용 전용 홈페이지에 직무에 대해 소개하고 있다. 요즘은 4차산업으로 인해 새로운 직무가 생기기다 보니 채용공고에 나와 있는 내용만 가지고는 알지 못하는 경우가 많다.

경력(평판)조회 및 소득증명

소득금액

대부분 근로소득원천징수영수증을 제출받지만 과세 및 비과세 금액이 포함되기 때문에 정확하지 않고, 근로소득 원천징수부를 통해 확인하거나 아니면 추가로 연봉계약서(급여명세서)를 통해 확인해야 한다.

4대보험 중 1개 보험 자격득실이력

4대보험 중에 자격득실이력확인서를 제출받아 근무기관, 근무기간 등을 경력과 비교 확인한다(예 : 건강보험은 가입자 자격득실확인서).

평판조회

개인정보는 개인에 대한 사실·판단·평가 등 개인에 관한 살아 있는 모든 정보를 말한다. 인사 부서에서 평판조회(또는 레퍼런스 체크) 방법을 통해 지원자의 경력, 인성, 대인관계 등을 검증하기도 하는데, 이 또한 개인정보에 해당하기 때문에 주의해야 한다.

1) 관련 법령

• 개인정보보호법 제15조(개인정보의 수집·이용) ① 개인정보처리자는 정보주체의 동의를 받은 경우에는 개인정보를 수집할 수 있으며 그 수집 목적의 범위에서 이용할 수 있다.

• 개인정보보호법 제62조(침해사실의 신고 등) ① 개인정보처리자가 개인정보를 처리할 때 개인정보에 관한 권리 또는 이익을 침해받은 사람은 보호위원회에 그 침해사실을 신고할 수 있다.

2) 문제점

• 평판조회를 하는 회사측과 평판조회를 받은 회사측

- 담당자가 사전동의 없이 진행한 경우 개인정보보호법 제71조 제1호 또는 법 제75조 제1항 제1호 위반에 해당하며, 법인 대표는 양벌규정을 적용받아 법 제74조 세2항 위반에 해당함.

- 평판조회를 통해 알게 된 사실을 다른 사람에게 전달한 경우 형법 제370조(명예훼손) 제2항 '공연히 허위의 사실을 적시하여 사람의 명예를 훼손한 자는 5년 이하의 징역, 10년 이하의 자격정지 또는 1천만원 이하의 벌금에 처한다.'에 해당할 수 있음.

3) 과태료 및 벌칙

• 개인정보보호법 제71조(벌칙)

1. 법 제17조 제1항 제2호에 해당하지 아니함에도 같은 항 제1호를 위반하여 정보주체의 동의를 받지 아니하고 개인정보를 제3자에게 제공한 자 및 그 사정을 알고 개인정보를 제공받은 자는 5년 이하의 징역 또는 5천만원 이하의 벌금에 처한다.

• 개인정보보호법 제74조(양벌규정) ② 법인의 대표자나 법인 또는 개인의 대리인, 사용인, 그 밖의 종업원이 그 법인 또는 개인의 업무에 관하여 제71

조부터 제73조까지의 어느 하나에 해당하는 위반행위를 하면 그 행위자를 벌하는 외에 그 법인 또는 개인에게도 해당 조문의 벌금형을 과(科)한다. 다만, 법인 또는 개인이 그 위반행위를 방지하기 위하여 해당 업무에 관하여 상당한 주의와 감독을 게을리하지 아니한 경우에는 그러하지 아니하다.

• 개인정보보호법 제75조 제1항

1. 법 제15조 제1항을 위반하여 개인정보를 수집한 자는 5천만원 이하의 과태료를 부과한다.

4) 관련 판례

… 〈중략〉 … 피고의 직원들이 시행한 이 사건 채용절차는 그 객관성과 공정성이 심각하게 훼손되어 재량권을 일탈·남용한 것으로 위법하고, 채용절차의 객관적이고 공정한 진행에 대한 원고의 기대와 신뢰라는 법적 이익을 침해하는 불법행위에 해당한다고 봄이 상당하다. 이 사건 채용절차에 관여한 피고의 면접위원 등 직원들은 객관성과 공정성이 결여된 세평조회를 실시하여 그 결과를 반영하는 등으로 원고의 객관적이고 공정한 채용절차에 대한 신뢰와 기대라는 법적 이익을 침해하였고, 원고는 위와 같은 불법행위로 인하여 직업의 선택 및 수행을 통한 인격권 실현 가능성에 커다란 타격을 입게 되는 등 정신적인 고통을 받았다고 봄이 상당하다. 따라서 피고는 이 사건 채용절차에 관여한 면접위원 등의 사용자로서 원고의 정신적 고통에 대한 위자료(8천만원)를 지급할 의무가 있다(서울남부지법 2018가합100190, 2018.10.11.).

5) 대처 방법

회사는 사전에 평판조회실시 동의서 필히 징구해서 진행하고, 지원자는 평판조회실시 동의서를 받지 않은 경우 개인정보침해신고센터 신고 및 민·형사 소송을 할 수 있다.

PART 06

채용 광고의 주의점

거짓 채용 광고 등의 금지

구인자는 채용을 가장하여 아이디어를 수집하거나 사업장을 홍보하기 위한 목적 등으로 거짓의 채용 광고를 내서는 아니 된다(채용절차법 제4조 제1항). 이를 위반하여 거짓 채용 광고를 한 구인자에게는 5년 이하의 징역 또는 2천만원 이하의 벌금에 처해진다(채용절차법 제16조).

직업안정법 제34조(거짓 구인광고의 범위 등)

- 구인을 가장하여 물품 판매·수강생 모집·직업 소개·부업 알선·자금 모금 등을 행하는 광고
- 거짓 구인을 목적으로 구인자의 신원(업체명 또는 성명)을 표시하지 아니하는 광고
- 구인자가 제시한 직종·고용형태·근로조건 등이 응모할 때의 그것과 현저히 다른 광고
- 기타 광고의 중요 내용이 사실과 다른 광고

채용 광고 내용의 변경 금지

구인자는 정당한 사유 없이 채용 광고의 내용을 구직자에게 불리하게 변경하여서는 아니 된다(채용절차법 제4조 제2항). 이를 위반한 경우에는 5백만원 이하의 과태료가 부과된다(채용절차법 제17조 제1항 제1호).

채용 과정 중에 필요에 의해 구인자가 채용 광고의 내용을 변경할 수는 있으나 구인자가 정당한 사유 없이 채용 광고의 내용을 구직자에게 불리하게 변경하는 것을 금지하여 구직자의 권익을 보호하려는 것이다. 여기서 '정당한 사유'란 사회통념상 채용 광고의 내용을 변경할 만한 합리적이고 타당한 이유가 있다고 인정되는 경우를 말한다(예 : 교통 편의성 제고를 위한 시험 장소의 변경 등).

채용 광고에서 제시한 근로조건의 변경 금지

구인자는 구직자를 채용한 후에 정당한 사유 없이 채용 광고에서 제시한 근로조건을 구직자에게 불리하게 변경하여서는 아니 된다(채용절차법 제4조 제3항). 이를 위반한 경우에는 5백만원 이하의 과태료가 부과된다(채용절차법 제17조 제1항 제1호).

여기서 '정당한 사유'란 사회통념상 채용 광고에서 제시한 근로조건을 변경할 만한 합리적이고 타당한 이유가 있다고 인정되는 경우를 말한다.

사례

- 정규직 채용공고를 보고 지원해서 합격했는데 입사 후 계약직 근로계약으로 변경하는 행위
- 근로계약서에서 채용공고에 제시한 기본급은 없고 전액 성과급으로 급여를 주는 것으로 변경하는 행위

채용 서류 등의 귀속 강요 금지

구인자는 구직자에게 채용 서류 및 이와 관련한 저작권 등의 지식재산권을 자신에게 귀속하도록 강요하여서는 아니 된다(채용절차법 제4조 제4항). 이를 위반한 경우에는 5백만 원 이하의 과태료가 부과된다(채용절차법 제17조 제2항 제2호).

사례

- 구인공고를 보고 지원자가 연구 실적물을 제출하였는데, 구인 기업에서 거액의 연봉을 제시하면서 연구물에 대해 지식재산권을 회사에 귀속하라고 강요하였다.
- 채용 과정에서 디자인 포트폴리오를 제출하였는데, 지식재산권을 회사에 귀속하라는 강요를 받았다.
- 면접에서 지원자가 개발한 컴퓨터 프로그램 저작물에 대해 지식재산권을 회사에 귀속하라는 강요를 받았다.

채용 시 차별 금지

사업주는 근로자를 모집·채용할 때 합리적인 이유 없이 성별, 신앙, 연령, 신체 조건, 사회적 신분, 출신 지역, 학력, 출신 학교, 혼인·임신 또는 병력 등을 이유로 차별하여서는 아니 된다(고용정책기본법 제7조).

사업주는 근로자를 모집·채용하는 경우에 남녀를 차별하여서는 아니 되며, 여성근로자를 모집·채용할 때 직무 수행에 필요하지 않은 용모·키·체중 등 신체적 조건, 미혼 등의 조건을 제시하거나 요구하여서는 아니 되며, 위반 시 500만원 이하 벌금에 처해진다(남녀고용평등법 제7조, 제37조 제4항 제1호).

사업주는 근로자가 장애인이라는 이유로 채용 등에 있어 차별 대우를 하여서는 아니 된다(장애인고용촉진법 제5조).

모집·채용에서 합리적 이유 없이 연령을 이유로 근로자가 되려는 자를 차별하여서는 아니 되며 위반 시 500만원 이하 벌금에 처해진다(고령자고용촉진법 제4조의4, 제23조의3 제2항). 다만, 직무의 성격에 비추어 특정 연령 기준이 불가피하게 요구되는 경우나 법률에 따라 특정 연령 집단의 고용 유지 또는 촉진을 위한 지원 조치를 하는 경우는 연령 차별로 보지 아니한다(고령자고용촉진법 제4조의5).

PART 07

입사지원서 및 자기소개서

※ 2015년 1월 「채용절차의 공정화에 관한 법률」이 시행되고, 2019년 7월 17일부터 상시 30인 사업장부터 적용됐다. 고용노동부의 업무매뉴얼(2019.07)에 근거하여 설명한다.

입사지원서 항목에서 개인정보 요구 금지사항

채용절차법은 외모, 성차별적인 요소 등을 지양하고 직무 중심의 채용을 유도하기 위해 제정한 법률로서 다음과 같은 사항은 입사지원서에 기재하면 안 된다. 위반 시 500만원 이하의 과태료가 부과된다(법 제17조 제2항 제3호).

해당 법조문

• 채용 절차의 공정화에 관한 법률

제4조의3(출신 지역 등 개인정보 요구 금지) 구인자는 구직자에 대하여 그 직무의 수행에 필요하지 아니한 다음 각 호의 정보를 기초심사자료에 기재하도록 요구하거나 입증자료로 수집하여서는 아니 된다.

1. 구직자 본인의 용모·키·체중 등 신체적 조건
2. 구직자 본인의 출신 지역·혼인 여부·재산
3. 구직자 본인의 직계 존비속 및 형제자매의 학력·직업·재산

개인정보 요구사항 범위

개인정보		요구 가능	요구 불가능	조건부 가능
구직자 (본인)	키, 몸무게, 체형, 외모, 인상, 모반, 흉터	-	√	-
	사진	√	-	-
	현재 거주지, 주민등록상 주소	√	-	-
	출신 지역 - 출생지, 성년 이전 주된 주거지	-	√	-
	출신 학교	√	-	-
	혼인 여부	-	√	-
	재산 유무 - 유형자산 : 동산/부동산 등 - 무형자산 : 저작권, 특허권 등	-	√	-
	부채	-	√	√ (직무 수행 : 금융 관련 종사자 등)
직계존속, 직계비속, 입양	학력, 직업, 재산	-	√	-

입사지원서 작성항목

정부의 공정 채용 흐름에 맞춰서 블라인드 채용은 많은 기업으로 확대가 될 것이다. 실제로 대표적인 인터넷 플랫폼 K회사는 입사지원서 작성항목에서 생년월일과 학력까지 사라졌다.

나이 및 학벌을 보지 않고 오로지 실력으로만 채용하겠다는 강한 의지를 구직자들에게 보여주는 상징적인 의미가 있다고 할 수 있다.

자기소개서 작성 시 주의사항

자기소개서에는 지원자가 직무 수행과 관련 없는 본인의 용모, 키, 체중 등 신체적 조건과 출신 지역, 혼인 여부, 재산, 학력, 신앙, 출신 학교, 본인의 직계 존비속 및 형제자매의 학력, 직업, 재산 정보 등을 기재하면 안 된다.

자기소개서는 지원자의 지원동기(직무) 및 조직적합성(핵심가치, 인재상), 직업기초능력을 평가하기 위한 질문으로 구성해야 한다. 아직도 자기소개서에 '성장과정' 같은 항목이 있다면 추후 역량 기반의 면접을 하는 데 있어 별 도움이 되지 않으니 삭제하기 바란다. 역량 기반이란 과거의 구체적인 경험적 행동 사례를 기술하는 것을 말한다. 예를 들면 다음과 같다.

- 당신이 팀을 이뤄 작업했던 경험에 대해 기술해 주십시오(팀에서 당신의 역할, 동기화 방법, 결과를 포함하여 작성).
- 당신이 어려운 의사결정을 하고 그것을 다른 사람에게 설명하거나 설득했던 상황에 대해 기술해 주십시오.
- 당신이 어려운 문제를 해결해야 했던 상황을 기술해 주십시오.

이런 질문은 향후 역량 기반의 면접을 하는 데 기초자료가 되기 때문에 직무 경험 실패와 성공 사례, 성공적인 팀워크 사례 등을 직무 중심적인 질문 항목으로 만들어 넣으면 좀 더 심도 있는 후보자의 정보를 얻을 수 있다.

또한, 기업들의 자기소개서를 분석해보면, 가장 많은 항목이 지원 동기, 직무 경험, 입사 후 포부로 나온다. 직무에 대한 준비를 얼마나 했고, 본인의 비전을 회사에서 어떻게 만들어 나갈지 등 묻지마 입사자를 필터링할 수 있는 방법이 될 수 있으며, 자연스럽게 면접에서 심층적인 질문을 이어갈 수 있는 자료가 된다.

그러나 자기소개서에 불필요하거나 관련 없는 항목을 너무 많이 나열할 경우 자칫 피로해질수 있으므로 간단하면서 핵심을 찌르는 내용들이 포함되어야 한다.

자기소개서 예시

자기소개서에는 직무기술서를 토대로 하여 능력을 발휘할 수 있는 상황을 중심으로 질문을 제시하면 된다. 신입은 직업기초능력을 평가할 수 있는 문항을 출제하면 된다. 작성 분량이 너무 많으면 정확한 평가가 어려울 수 있기 때문에 신입은 800자 이내 정도, 경력은 전체 자기소개서(경력기술서 포함)의 1,500자 이내로 하지만 기업의 상황에 따라 적절히 조절하면 된다.

자기소개서 평가 기준은 구체적인 사례를 기술하였거나 능력에 대한 작성 내용의 진실성에 대해서는 가점을 부여하되, 복사&붙여넣기 티가 나거나 원론적인 이야기, 질문과 무관한 내용, 오타 및 부정확한 문법 등은 감점 처리하면 된다.

역량 기반의 자기소개서 예시(신입)

문제해결능력

업무를 수행하면서 문제 상황이 발생하였을 경우 창조적이고 논리적인 사고

를 통해 올바르게 문제를 인식하고 적절하게 해결하는 능력

예시) 예상치 못한 어려움에 직면했음에도 불구하고 이를 해결한 경험에 대해 기술해 주세요.

예시) 창의적인 아이디어를 제시하고 적용해서 좋은 성과를 도출한 경험에 대해 기술해 주세요.

의사소통능력

업무를 수행하면서 동료 직원들과 커뮤니케이션하며 상대방 말과 글의 의도를 파악하고 자신의 의견을 올바르게 전달하고 읽고 쓰는 능력

예시) 조직이나 단체생활 중에 다른 구성원과 원활한 소통을 통해 긍정적 변화를 이끌어낸 구체적 경험에 대해 말씀해주세요.

예시) 본인의 생각이나 의견을 논리적으로 전달하여 다른 사람을 설득했던 구체적 경험에 대해 말씀해주세요.

대인관계능력

업무를 수행하면서 동료 직원들과 문제를 일으키지 않고 원만하게 관계를 유지하는 능력

예시) 학교나 동아리 생활에서 다른 구성원들과 협동을 통해 좋은 결과를 이끌어낸 구체적 경험에 대해 말씀해주세요.

예시) 학교나 동아리 생활에서 다른 구성원들과 갈등이 생겨서 적극적으로 해결한 구체적 경험에 대해 말씀해주세요.

조직자원관리능력

업무를 수행하면서 시간, 사람, 자본 등 자원을 최대한 활용해서 최적의 조건으로 실제 업무에서 계획하고 배분하면서 활용하는 능력

예시) 조직에서 제한된 자원을 가지고 어려운 과제를 해결한 구체적 경험에 대해 말씀해주세요.

조직이해와 적응력

업무를 수행하면서 조직의 생리와 회사의 경영에 대해 이해하고 조직문화에 적응하는 능력

예시) 그동안의 조직 경험을 바탕으로 조직 생활에서 가장 중요하고 필요한 것은 무엇인지 본인의 생각을 말씀해주세요.

자기계발능력

업무를 수행하면서 스스로 학습하고 배우는 능력

예시) 지원 분야에 맞게 본인이 능력을 발전시키기 위해 지원자가 노력한 구체적 경험에 대해 말씀해주세요.

직무 관련 경험

지원한 해당 직무에 대한 경험 또는 노력

예시) 입사지원서에 기술한 직무 경력이나 직무 관련 활동에 대해 상세히 기술해 주세요.

또는 입사지원서에 기재한 내용 외 기타 직무 관련 활동에 대해 상세히 기술해 주세요. (작성 기준은 구체적으로 본인이 수행한 활동 내용, 소속(조직)에서의 역할, 활동 결과 작성)

자기소개서 예시(경력)

- 수행했던 주요 프로젝트 내용과 프로젝트의 성과를 기재하고, 프로젝트 내에서 맡았던 역할에 대해서 기술해 주십시오(1,000자 이하).

- 경력에 참고가 될 만한 정보를 기술해 주십시오(1,500자 이하).

S그룹 자기소개서 예시(신입)

- 우리 회사를 지원한 이유와 입사 후 회사에서 이루고 싶은 꿈을 기술하세요.

- 본인의 성장 과정을 간략히 기술하되, 현재 자신에게 가장 큰 영향을 끼친 사건, 인물 중심으로 기술하세요.

- 최근 사회 이슈 중에서 본인이 중요하다고 생각되는 것 한 가지를 선택해서 자신의 의견을 기술하세요.

- 지원한 직무에 본인의 전공 능력이 적합한 사유를 구체적으로 기술하세요.

PART 08

인·적성검사

인·적성검사의 개요

인·적성검사가 국내에 본격적으로 도입되기 시작한 시기는 삼성이 1996년 공채부터 적용하면서부터인데 그 이전에는 전공과 상식시험을 보았다. 한때 삼성고시라고 불리며 사회적으로 이슈가 되면서 평가항목들이 트렌드에 맞게 개편되면서 지금까지 이어지고 있다.

산업 및 조직심리학자들은 기업의 핵심가치, 인재상 등에 초점을 둔 인성검사가 지능검사나 동작검사(Physical Test)가 갖고 있는 직무 수행 예측력보다 뛰어나다는 것을 밝혀냈다(Ones Viswesvaran & Schmidt, 1993). 슈미트Schmidt와 헌터Hunter(1998)는 과거 85년간의 자료를 기초로 메타분석(Meta-Analysis)을 시행하여, 일반지능요인이 직무 수행에 영향을 미친다는 것을 연구하였다

성격설문지가 채용 과정에 어떤 가치를 부가해주고, 성격 측정인 평가센터만큼 유용한지 아니면 가치가 없는지에 대해 학자들마다 의견이 분분한데 〈채용과 선발의 심리학〉의 저자인 로버트 우드Robert Wood·팀 페인Tim Payne은 '예'라고 대답하였다. 저자는 성격설문지가 능력검사가 제공하는 예측력을 넘어 고유한 예측력을 제공한다는 증거가 충분하다고 보았기 때문이다. 특히 대기업은 인

적성검사를 선호하고 있는데, 시중에 나온 인·적성검사 기출문제집을 통해 많은 시간을 투자할수록 높은 점수를 받을 확률이 높기 때문에 변별력이 떨어질 수 있다.

인성검사의 경우 기업의 인재상에 맞는 인재를 선별하기 위해 실시한다. 하지만 스스로 체크해서 검사하는 방식이기 때문에 지원자가 합격하기 위해 사회적으로 바람직한 인재상에 맞게 응답하려는 왜곡 현상이 발생할 수 있다. 또한 동일한 문제 유형이 무작위로 중복으로 들어가 있어서 이러한 문제를 방지하기 위해 신뢰도와 타당성을 체크하고 있다.

적성검사는 직무수행능력을 예측하기 위해 실시하고 있는데, 구직자들은 수리영역이 가장 난이도가 높은 영역으로 평가하고 있다.

골드만삭스는 은행, 트레이딩, 펀딩, 리스크 관리 등을 대상으로 팀워크, 분석력, 분석과 논리력 중심의 상황판단능력이 매우 뛰어난 인재를 선발해서 성격테스트를 시행하고 지원자들의 결과와 비교하는 방식을 채용 절차에 도입하였다.

기업의 상황 또는 직무의 특성에 따라 필기전형을 제외하고 서류와 면접으로만 진행하는 곳도 있는데 짧은 면접 시간으로 사람의 특성을 전부 파악하기란 쉽지 않다. 다양한 선발도구를 통해 후보자의 성품과 인·적성을 판단할 수 있는 자료로 활용가치가 있다고 할 수 있다.

기업의 인·적성검사 활용 사례

S사 직무적성검사 GSAT

2020년 상반기는 온라인 시험 특성을 감안하여 수리영역(30분)과 추리영역(30분)만 평가

영역	시험시간	문항수	측정항목
언어논리	25분	30문항	어휘력, 독해, 어법
수리논리	30분	20문항	응용계산, 자료해석
추리	30분	30문항	언어·도식추리, 도형추리, 논리판단
시각적 사고	30분	30문항	평면 및 입체도형

(출처 : 채용 홈페이지)

C사 종합적성검사 CAT/CJAT

영역		시험시간	문항수	측정항목
CJAT		45분	270문항	인성검사
CAT	언어능력	30분	25문항	독해, 언어추리
	추리능력	15분	15문항	문단배열
	수리능력	30분	25문항	자료해석, 응용수리
	공간지각능력	25분	15문항	도식적 추리

(출처 : 채용 홈페이지)

L사 인·적성검사

영역		시험시간	문항수	측정항목
L사 Way Fit		50분	324문항	인성검사
적성	언어이해	25분	20문항	주제파악, 이해, 문단구조 등
	언어추리	25분	20문항	추론, 논리게임, 명제 등
	수리력	35분	30문항	수열추리, 자료해석, 응용계산
	도형추리	20분	20문항	도형추론(복합도형, 복합기호), 규칙(회전, 대칭, 색 반전)
	도식적 추리	20분	15문항	해, 달, 별 및 알고리즘 형태

(출처 : 채용 홈페이지)

S사 종합역량적성검사 SKCT

영역		시험시간	문항수	측정항목
심층역량		50분	360문항	인성검사
인지역량	수리능력	30분	20문항	응용계산, 자료해석
	언어능력	20분	20문항	독해, 주제파악
	직무능력	20분	25문항	직군별 전공 및 기초(직군별 유형 다름)
실행역량		20분	30문항	상황판단능력

(출처 : 채용 홈페이지)

L사 인적성검사 L-TAB

영역		시험시간	문항수	측정항목
조직적합검사		30분	265문항	인성검사
적성	언어이해	25분	35문항	어휘, 독해
	문제해결	30분	30문항	문제해결 조건 이해
	자료해석	35분	35문항	자료해석
	언어논리(인문계)	35분	35문항	어휘
	수리공간(이공계)	35분	35문항	응용계산

(출처 : 채용 홈페이지)

채용 평가와 직무 성과의 상관관계

채용 평가와 직무 성과가 서로 상관관계가 있는지 분석한 논문이 국내에는 많지 않는데, 최근에 발표한 논문 중에 실증적인 것이 있어서 다뤄본다. 이재영, 엄재근(2016)이 채용 평가가 3년 후 직무 평가와 어떤 관계가 있는지 실증분석한 결과 유의한 관계성이 나타나지 않았다. 면접 시에 좋은 점수를 받는 것이 직무성과와 연관해서 통계적 유의값을 얻을 수 없었고, 다만, 수리추론능력만 상관관계가 있다는 것을 확인할 수 있었다.

이는 강다헌과 김미경(2012)의 연구에서 밝힌 호텔 직원의 사례를 통하여 개인이 갖고 있는 인성이 직무성과와 영향을 주고 있다고 설명하였고, 신호철과 양병화(2013)의 인지능력과 성격이 직무 성과에 미치는 영향에 대하여 소개한 부분과 다른 결과가 나왔다는 점에서 주목할 만하다.

물론 이 논문의 연구 대상이 특정 기업에 국한되어 있으며 다른 변수들은 고려하지 않았다는 점도 있고, 연구 대상 회사가 오히려 채용 시에 도전과 창의성이 높은 점수를 받았지만 도전보다 안정을 취하는 보수적인 회사라면 업무에서 도전과 창의성은 오히려 방해가 될 수 있다. 실제로 실험 회사는 업력이 오래된

안정적인 회사였다.

또한 실험 회사의 채용 평가툴이 외국의 시스템을 도입한 것이라 국내에 맞는지 의문이 들기도 한다. 실험 회사는 우수한 직원을 채용하길 바라지만 일부 평가항목은 회사의 업종과 조직문화에 맞지 않기 때문에 이런 결과가 나온 것이 아닐까 필자는 조심스럽게 추정할 뿐이다. 앞으로 실증연구를 통해 심도 있게 연구해야 할 분야이다.

인성검사 업체별 비교

다음의 표는 필자가 직접 테스트 및 분석한 결과로서 주관적 판단에 근거하여 작성한 것이므로 대외 판단의 근거가 될 수 없음을 참고로 알려드린다.

구분	한국○○○평가개발원	G○○○IT	마○○○IT
장점	한국형 인성검사 지향	GRIT 모델 기반	국내 HR 솔루션 지향
단점	질문항목이 너무 많고, 시간도 길고 지루함	보통으로 대답하면 성격 파탄으로 나올 수 있음	다년계약하지 않으면 가격이 비싸고 문항수가 많음
평가항목	• 성격(정서적 안정성, 감정 통제력, 신경질 경향 및 스트레스 관리능력) • 적응성(성취력, 교섭력, 통솔력, 책임성, 기획력, 충성심, 목표지향성, 자기혁신력, 커뮤니케이션)	성취 역량 인성인 비인지적 능력(자기조절력, 자기동기력, 대인관계력)	• 성장 가능성(신뢰 역량, 가치 역량, 관계 역량, 열정 역량) • 조직 적합성(신경성, 소화성)
문항수	300문항	182문항	315문항
측정시간	60분	15분	40분
50명 기준	14,000 / 건	18,000 / 건	16,000 / 건
연간 예산	1,375,000원	990,000원	800,000원
비고			5년 계약 조건 할인 적용

구분	PS○○○컨설팅	잡○○○아	사○○○인
장점	Big5 모델 기반	저렴한 가격	가장 저렴
단점	대중적이고 보편적인 가치라서 평가변별력이 부족함	단순참고용(타 지원자와 변별력 부족)	단순참고용(타 지원자와 변별력 부족)
평가항목	5요인(심리적 민감성, 내향·외향성, 인지적 개방성, 대인수용성, 규범지향성)	생활안정성, 자기계발, 직업성숙도, 신뢰성, 협동심, 고객지향성, 대안주도성, 창의력, 추진력, 경험개방성	고객존중, 도전정신, 윤리의식, 존중과 협력, 전문성
문항수	256문항	293문항	267문항
측정시간	40분	60분	30분
50명 기준	30,000/건	14,000/건	12,360/건
연간 예산	1,650,000원	770,000원	680,000원
비고			

PART 09

역량 중심의 채용전략과 면접기법

면접의 목적

면접을 크게 두 가지로 구분하면 후보자를 걸러내기 위한 스크리닝 단계로 보는 것과 구직자에게 회사의 직무를 홍보하고 선전할 수 있는 중요한 기회라고 할 수 있다.

면접을 통해 입사 제의를 받더라도 면접 과정에서 주어지는 회사의 첫인상과 느낌이 최종적으로 입사 수락 여부에 결정적 영향을 주게 된다. 따라서 후보자를 걸러내기 위한 그 이상의 의미와 목적이 있다.

면접의 유형

면접은 여러 유형이 있고 그 효과성에 관해 학자들 간에 많은 논란이 있다. 그럼에도 불구하고 단 하나 일치하는 의견은 비구조화된 면접은 효과가 없다는 점이다.

면접은 전통적 인터뷰(Conventional Interviews)와 행동 인터뷰(Behavioral Interviews)로 나눌 수 있다. 기존의 전통적 인터뷰는 자격 증명, 경험 설명 및 자체 평가 정보에 관한 질문으로 구성된다. 행동 인터뷰는 주로 직업 관련 지식, 경험 및 행동 설명에 관한 질문이 포함된다.

결과적으로 전통적 인터뷰는 일반적인 정신 상태, 직업 경험, Big Five 성격 특성 및 사회적 관계능력을 평가하는 반면, 행동 인터뷰는 직업에 대한 지식, 직업 경험 및 상황 판단을 평가하게 된다.

전통적인 면접 사례

전통적인 면접은 역량(직무)과 무관한 질문으로 단답식 또는 뻔한 대답이 나오는 면접이라고 할 수 있다.

- 상사에게 부당한 지시를 받는다면 어떻게 하겠나요?
- 야근을 해야 한다면 어떻게 하겠나요?
- 존경하는 인물은 누구인가요?
- 최근에 읽은 책은 무엇인가요?
- 지원한 업무 말고 다른 업무를 시킨다면 어떻게 하겠나요?
- 상사와 의견충돌이 발생하면 어떻게 하겠나요?

면접 유형 비교

구분	비구조화 면접 (Unstructured Interview)	구조화 면접 (Structured Interview)
정의	사전에 준비도 계획되지도 않은 전통적인 인터뷰	사전에 계획되고 준비된 패턴화된 인터뷰 (행동묘사면접, 상황면접)
차이	후보자간에 질문이 다를 수 있으며, 면접관의 주관이 좌우(비계량적)	동일한 질문이 후보자에게 주어지며, 면접관의 주관이 배제(정량적)

구조화 면접기법

구조화 면접은 행동 묘사 면접(Behavior Description Interview)과 상황 면접(Situational Interview)으로 구분된다.

행동 묘사 면접

행동 묘사 면접은 일반적으로 다른 면접 방식보다 직무 수행에 대한 신뢰도와 타당도가 높은 것으로 알려졌다. 이 방식은 과거의 행동 수행이 미래의 행동을 예측할 수 있다는 가정에 기반을 두고 있는데, 대부분의 면접 질문이 과거 행동에 대한 것임을 보면 알 수 있다.

예를 들어 지원자의 기획 능력을 평가할 경우 다음과 같이 질문할 수 있다.

'과거 복잡한 프로젝트를 기획했던 경험이 있다면 말씀해주세요.'라고 질문하면, 지원자가 과거에 했던 일을 대답하면 그중에 '무엇이 문제였는지?', '문제를 어떻게 해결했는지?' 등의 질문을 하게 된다.

이런 질문을 통해 면접관은 과거의 행동에서 어떤 패턴이 나오는지 확인할 수 있고, 과장되거나 거짓을 말하는지 알 수 있으며, 지원자가 응답한 결과는 회사의 역량과 비교하여 평가를 하게 된다. 면접질문기법에는 STAR 기법을 주로 많이 사용한다.

예시

[포인트] 단정형보다는 개방형으로 질문한다.

[주질문] 협업 능력 평가

⊙ 팀 또는 작은 그룹 단위에서 활동하면서 특정 사람 때문에 팀의 성과가 나지 않아서 곤란했던 적이 있습니까? 그러한 경험이 있다면 말씀해주시기 바랍니다.

[세부질문] 상황, 역할, 행동, 결과에 대해 각각 질문한다.

상황 (Situation)	⊙ 언제 어디에서 누구와 함께하면서 겪은 상황인가요? ⊙ 어떤 상황에서 맡았으며 그것을 하게 된 이유는 무엇인가요?
역할 (Task)	⊙ 그 상황에서 본인이 맡은 직무와 책임은 무엇인가요? ⊙ 그 조직에서 맡은 역할은 무엇인가요?
행동 (Action)	⊙ 그 문제를 해결하기 위해 본인이 취한 행동은 무엇인가요? ⊙ 왜 그런 행동을 취했나요?
결과 (Result)	⊙ 결과나 성과는 무엇인가요? ⊙ 미흡하거나 개선할 점은 무엇인가요?

상황 면접

상황 면접은 미래 행동 면접이라고 불리는데, '미래 어떠한 상황에서 어떻게 행동하시겠습니까?'라고 질문을 해서 지원자가 미래 상황에서 어떻게 행동할지를 본다는 측면에서 행동 묘사 면접과 차이가 있다. 이 방식은 설계하는 데 많은 노력이 들며, 각 질문에 대해 세 가지 정도 모범답안 형식을 미리 준비하고 있어야 한다는 어려움이 있다.

예시

[포인트] 단정형보다는 개방형으로 질문한다.

[주질문] 문서 작성 능력 평가

⊙ 상사에게 보고한 자료에 오류 사항이 발생하여 수정을 해야 하는 상황입니다.
이 문제를 해결하기 위해 가장 먼저 작업해야 하는 업무는 무엇입니까?

[세부질문] 상황, 행동, 결과에 대해 각각 질문한다.

상황 (Situation)	⊙ 현재 상황에서의 핵심적인 문제(과제)는 무엇인가요?
행동 (Action)	⊙ 가장 중요하게 생각해야 할 요소는 무엇인가요?
결과 (Result)	⊙ 그렇게 생각한 이유는 무엇인가요?

토론 면접

지원자의 적극성, 논리성, 표현력, 팀워크, 소통 등을 주로 평가하는 데 사용하는 방법으로 다수의 신입을 채용할 때 활용된다. 다수의 지원자들이 원형 테이블에 앉아 일정한 주제를 부여받은 상태에서 자유토론을 하면서 지원자들의 발언 내용 및 태도 등을 종합적으로 평가한다.

토론 면접은 진행자가 사전에 결정된 방식과 진행자 없이 자유롭게 진행되는 두 가지 형태가 있는데, 4~6명이 한 팀을 이루어서 1시간 정도 진행하게 된다. 대표적으로 자유토론형과 찬반토론형이 있다.

	내용
장점	• 자유로운 상태에서 진행되어 응시자들의 평상시의 모습 관찰 용이 • 적극성, 논리성, 이해력, 판단력, 표현력, 조직적응력, 팀워크 등 많은 역량을 종합적으로 평가 가능 • 응시자 평가가 비교적 용이
단점	• 면접관과 지원자들에 대한 사전 교육이 필요 • 개인별 심도 있는 질문과 평가 곤란 • 내성적이거나 소극적인 지원자에 대한 정확한 평가 곤란

자유토론형 설계 시 주의사항

① 지원자가 토론이나 논쟁해야 할 구체적 상황을 설정한다.

② 구체적 사실에 근거하여 토론할 수 있도록 몇 가지 유의사항을 안내한다. 예를 들어 1분 자유발언 시 몇 가지 조건을 제시하는데, 합리적인 근거를 가지고 개선 방안을 제시하고 장·단점을 고려할 필요가 있다는 조건을 단다. 그리고 본격적인 토론에 들어가기 전에 모두가 유의할 사항을 안내하는데, 진행자의 통제에 따르며 손을 들어 발언권을 획득한다거나 스마트폰 등 외부 매체 사용은 불가하다는 공통사항을 주지시킨다.

찬반토론형 설계 시 주의사항

① 찬성, 반대팀에게 공통적인 정보와 전제조건을 제시해야 한다.

예를 들어 논쟁이 되는 이슈의 배경 등을 제시하고 이 사안은 찬성과 반대가 치열하게 대립하고 있다는 것을 주지시킨다.

② 찬반토론의 경우 한쪽으로 치우치지 않도록 균형 있게 설정하고 토론 시 유의사항을 안내해야 한다.

예를 들어 팀별로 자유롭게 역할과 전개 방식을 정한다거나 스마트폰 등 외부 매체 사용은 불가하다는 것을 안내한다.

③ 윤리적, 정치적으로 문제가 될 수 있는 주제는 배제한다.

발표 면접

어떤 주어진 주제를 가지고 발표자와 면접관 사이에서 질문과 답변이 오가며 평가하는 방식이다. 적절한 질문을 통해 상대방이 이를 극복하고 문제를 해결하는 과정을 관찰할 수가 있는데, 합리적 사고, 논리력, 문제해결력, 의사소통능력, 설득력 등을 평가하는 데 적합하다.

보통 주제문은 후보자가 해결해야 할 구체적인 업무 상황 또는 과제를 설정해서 제시한다.

압박 면접

압박면접은 지원자의 정돈된 답변의 전제를 뒤집어서 일부러 상대에게 압박을 가하는 면접기법이다. 그러나 지원자가 이런 압박 면접의 질문에 사전 준비를 해서 능숙하게 대처하면 면접은 거기에서 끝난다. 단지 압박 면접 준비를 잘

했는지 못했는지 여부만 알 수 있을 뿐 지원자의 자질을 알아내는 데 별로 도움이 안 된다.

뿐만 아니라 압박 면접의 치명적 단점은 고의로 지원자의 약점을 들춰내고 비난하게 되면 지원자가 나중에 SNS 등에 회사에 대한 나쁜 이미지 또는 면접관에 대한 악평을 퍼뜨리게 되는 경우 회사의 브랜드에 큰 타격을 줄 수 있다는 것이다. 따라서 일반 기업에는 부적합하며, 아주 특수한 직무 상황이나 스트레스가 강한 직무에 한정하여 사용해야 한다.

면접 질문 금지사항

면접에서 불쾌감을 주는 질문으로는 부모 직업, 애인, 가족, 재산 등 호구조사가 가장 많이 차지하고 있으며, 그 외로 반말, 짧은 면접 시간, 지원자 폄하, 나이 및 성별 차별 등이 불쾌감을 주는 것으로 나타났다.

면접관의 모습에 따라 그 회사의 이미지가 결정되고, 구직자도 면접관의 태도에 따라 그 기업을 평가하고 입사 여부를 결정한다는 논문 결과가 있을 정도로 면접관이 금기시해야 할 질문이 있다. 특히 조심해야 할 사항은 채용 과정에서 '여성 근로자를 모집·채용할 때 그 직무의 수행에 필요하지 아니한 용모·키·체중 등의 신체적 조건, 미혼 조건, 그밖에 고용노동부령으로 정하는 조건을 제시하거나 요구하여서는 아니 된다(남녀고용평등법 제7조).'를 위반하면 벌금 500만원을 부과받으니 주의해야 한다.

차별적 발언(예시)

- 여자인데 결혼하면 관두는 것 아닙니까?
- 남자 친구 있습니까? 그럼 언제 결혼할 겁니까?
- 일이 중요합니까? 결혼이 중요합니까?
- 결혼하면 출산 계획이 있습니까? 육아와 회사 중 어떤 것을 선택하실 겁니까?
- 결혼할 나이가 지나지 않았나요?
- 다른 지원자는 치마를 입었는데 바지를 입고 오셨네요?
- 사진이 실물과 많이 다르네요. 혹시 성형했어요?
- 우리 회사 일은 남자도 하기 힘듭니다. 연약해 보이는데 할 수 있겠습니까?
- 남편이 회사 그만두라고 하면 어떻게 하겠습니까?
- 나이가 들어 보이는데 그런 말 좀 듣죠?

지원자 무시 발언 및 행위(예시)

- ○○○씨를 왜 뽑아야 하는지 모르겠습니다.
- (답변하는데 말을 자르면서) 그건 됐고요. 뭐~ 알겠고요. 예, 됐습니다.
- 불합격을 예감하는 말(코멘트)을 하는 행위
- 지원자가 질문에 대답하는데 쳐다보지 않거나 무관심한 행위
- 면접 시간이 다 되었다면서 진행 도중 중단하는 행위
- 지원자에 대한 비판과 충고(훈계)를 하는 행위
- 면접관의 생각과 판단을 드러내는 행위(예 : 난 정치 성향이 보수적이다.)
- 지원자에게 ○○○씨라고 부르지 않고 반말(하대)을 하는 행위
- 학교 성적 및 자격증, 토익 점수 등이 낮다며 지원자 스펙을 무시하는 행위
- 내가 보기엔 인간관계가 전 직장에서 잘 지낸 것 같지 않아 보인다는 등 비꼬는 말투

면접관 유의사항

바람직한 행동	바람직하지 못한 행동
평가 요소를 사전에 명확하게 이해	면접관이 가정을 세우고 유도 질문
한 번에 한 가지씩 간결하고 명확하게 질문	장황한 질문과 부연 설명
면접에 활용할 질문을 사전에 준비 및 숙지	차별적인 발언(성별, 출신, 외모 등)
공정하고 편견 없는 후보자 평가	지원자의 사생활 언급(연령, 종교, 출신 학교, 가족 관계 등)
관찰과 기록에 근거한 구체적 평가	면접과 관련 없는 질문(취미 등)
면접관의 주관적 느낌이 아닌 행동과 답변에 초점	면접 중 합격·불합격을 예감하는 질문
면접시간 동안 후보자에게 주의 및 집중	후보자를 무시하는 태도
평가 요소 및 기준, 척도에 따라 점수 부여	후보자 말을 끊고 발언하는 태도
개방형 질문	폐쇄형 질문(예, 아니오식 질문)
지원자가 긴장하면 질문을 상기시키는 등 친절하게 응대	고압적인 자세(됐고요. 그게 아니고요 등)
친절하고 부드러운 분위기 조성	훈계 및 강평성 발언
올바른 자세로 경청	팔짱 끼고 듣는 행위
휴대전화 전원 오프	면접 중에 휴대전화 보는 행위

채용 갑질

최근 언론에 나온 모 공공기관의 경우 면접에서 여성 수험생에게 면접관이 성희롱 발언을 한 것이 문제가 돼서 나중에 국정감사까지 올라간 적이 있다. 당연히 인사 담당자는 교체되고 면접 방식 개선과 면접관 교육, 면접관 평가 도입 등 사후약방문이 도입되었다. 이외에도 일반 기업 면접에서 지원자가 고용노동부 진정 및 SNS 후기를 올려서 기업 이미지에 타격을 주는 사례가 종종 일어나고 있다.

지원자는 채용에서 '을'이 될 수밖에 없기 때문에 면접관의 조그마한 실수가 회사에 엄청난 피해를 줄 수 있다는 것을 항상 인지하고 주의해야 한다.

팀원 채용 시 면접 질문 사항

같은 부서에서 함께 근무할 동료를 채용할 때 5가지 성격 유형을 파악해 볼 수 있는 질문을 소개한다.

태도(자세)

🎙 자신의 잘못을 부서 동료들에게 인정했을 때가 있었나요? 있었다면 어떻게 그 상황을 처리했습니까?

☞ 이 질문은 직장에서 실수를 했을 때 어떻게 그 문제를 대하는지 보려는 것이다. 긍정적인 태도를 가졌으면 동료들에게 사과를 하고 그 후에 어떻게 행동했는지 알 수 있다. 부정적인 태도를 가졌다면 전에 함께 일한 동료를 험담하거나 부정적인 내용을 말할 것이다. 긍정적인 태도를 가진 사람은 핑계를 대지 않고 자신에게 책임을 돌리며 다른 사람을 비난하지 않는다.

갈등 해결

🎙 팀원(동료)과 갈등이 있었던 상황에서 어떻게 해결했는지 말씀해주세요.

☞ 이 질문은 지원자가 불쾌한 상황에서 감정을 어떻게 조절하는지 알 수 있는 것으로 향후 업무상 갈등이 생길 경우 부서에 피해를 주지 않고 어떻게 동료들과 원만하게 문제를 해결하는지 대략적으로 알 수 있다.

친근감

🎙 당신에게 멘토가 있었나요? 있었다면 가장 좋았던 멘토는 누구이고 그 이유는 무엇입니까?

☞ 이 질문은 후보자와 다른 사람들과의 관계에 대한 실마리를 제공해준다. 친근감이 있는 후보자들은 주변 사람들에게 멘토와의 긍정적인 관계 및 경험에 대해 말한다. 멘토가 없었다고 하는 후보자들은 건방지거나 잘난 척을 하는 사람일 수 있거나 남의 도움을 받는 것을 싫어하는 사람일 수 있다. 조직생활을 해오면서 지금까지 멘토를 만나지 않았다고 하면 후보자 주변인에 대해 생각을 해봐야 한다.

자신감

🎙 이전 직장에서 어려움이나 장애를 극복한 경험이 있나요?

☞ 이 질문은 조직생활을 하면서 맞닥뜨리는 실패와 도전에 대한 후보자의 생각과 능력을 알 수 있다. 자신감이 있는 후보자들은 문제를 해결해 나갈 방안들을 적극적으로 찾아내지만, 자신감이 없는 후보자들은 그럴만한 끈기와 인내, 자신감이 없을 것이다. 누구나 한 번은 살아오면서 어려움이나 장애를 만날 수 있으며, 그런 경험이 없다면 소심하거나 내성적인지 면밀히 살펴봐야 한다.

호기심

🎙 회사에 대한 궁금한 사항이나 그밖에 질문할 내용이 있나요?

☞ 이 질문은 후보자가 면접 준비를 얼마나 했고 회사에 대한 관심이 있는지 알 수 있다. 후보자가 아무것도 궁금해하지 않는다면, 가끔 이런 경우가 있지만, 회사에 대해 별로 알아보지 않은 것이다. 후보자들은 회사의 문화, 비전 등 회사에서 일하게 되면 어떤 일을 하는지 궁금한 사항에 대해 마땅히 물어봐야 하는 것이다. 그리고 면접은 쌍방으로 진행하는 것이므로 면접관과 후보자들은 서로 좋은 인상을 남겨줘야 한다. 질문을 하지 않는 후보자들은 묻지마 지원을 해서 별로 관심이 없거나 당신이 찾던 동료가 아닐 것이다.

PART 10

채용 관련 노무관리

근로계약 체결 시 근로조건의 명시 및 교부

근로계약의 의의

'근로계약'이란 근로자가 사용자에게 근로를 제공하고, 사용자는 이에 대하여 임금을 지급하는 것을 목적으로 체결된 계약을 말하는데(근로기준법 제2조 제1항 제4호), 임금 지급이 교환되는 것을 목적으로 하는 쌍무계약으로서 청약과 승낙으로 성립한다. 즉, 근로계약은 근로자가 입사지원서를 제출하는 '청약' 단계와 사용자가 채용을 통보하는 '승낙' 단계가 합쳐져서 성립하게 된다. 일반적으로 사용종속관계에서 근로가 개시되면 서면계약이 체결되어 있지 않더라도 구두계약이나 관행·관습에 의하여 근로관계는 성립하는 것으로 본다(인사노무 급여관리 실무, 미래와경영).

■ 전자근로계약서 활성화를 위한 가이드 라인(근로기준정책과, 2016.08.30.)

1. 전자문서법 제4조 제1항에 따라 근로계약서도 전자적 형태로 되어 있다는 이유로 문서로서의 효력이 부인되지 않는다.
2. 전자근로계약서는 PC, 스마트폰 등 정보처리시스템상 전자문서 생성 전

용프로그램(한글, 오피스, 웹에디터, PDF 등)이나 전자근로계약서 작성을 지원하기 위하여 별도로 마련한 정보처리시스템 등을 활용하여 작성할 수 있다.

예시) 전자근로계약서 작성으로 인정되는 경우

- 사내전산망, 인터넷 구인구직 사이트 등에 마련된 근로계약서 작성 프로그램을 이용하여 작성
- 수기(手技), 한글 프로그램 등으로 작성한 근로계약서를 PDF, 사진 파일 등으로 전자화하여 저장(전자화 문서)

행정해석

전자근로계약서

회사가 근로기준법 제17조에 맞게 근로계약의 내용이 입력된 전자장치를 마련하여 근로자는 사원 인증 후 스마트폰으로 전자서명을 하게 한다면 유효한 근로계약체결로는 볼 수 있으나, 이러한 전자근로계약서가 비록 근로자가 스스로 출력할 수 있는 상황이라 하더라도 회사 서버에만 저장되어 있다면 사용자의 교부 의무를 다하였다고 볼 수는 없을 것이며, 근로자가 전자근로계약서를 수신할 정보처리시스템을(e메일 등) 지정하게 하고 사용자가 해당 정보처리시스템에 전자근로계약서를 입력(발송)한 때 사용자가 근로계약서를 교부한 것으로 볼 수 있을 것입니다.

만약 근로자가 정보처리시스템으로의 수신에 동의하지 않을 경우 사용자는 근로계약서를 직접 교부하여야 할 것입니다(근로기준정책과-6384,2016.10.12.).

근로조건의 서면 명시 및 교부 의무

근로계약을 체결할 때는 근로조건을 서면으로 명시하고 그 서면을 교부하여야 한다.

법 조문

근로기준법 제17조(근로조건의 명시)

① 사용자는 근로계약을 체결할 때에 근로자에게 다음 각 호의 사항을 명시하여야 한다. 근로계약 체결 후 다음 각 호의 사항을 변경하는 경우에도 또한 같다.

1. 임금
2. 소정근로시간
3. 제55조에 따른 휴일
4. 제60조에 따른 연차유급휴가
5. 그 밖에 대통령령으로 정하는 근로조건

② 사용자는 제1항 제1호와 관련한 임금의 구성항목·계산방법·지급방법 및 제2호부터 제4호까지의 사항이 명시된 서면을 근로자에게 교부하여야 한다.

서면으로 명시해야 하는 주요 근로조건

근로계약 시 서면으로 근로조건을 명시해야 하는 내용은 다음과 같다.

구분	서면명시대상	관련 근거
일반근로자	구성항목, 계산방법, 지급방법, 소정근로시간, 휴일, 유급연차휴가	근기법 제17조
연소근로자	근기법 제17조 일반 명시사항	근기법 제67조 제3항
기간제근로자	근로계약기간·근로시간·휴게·장소·종사업무, 휴일·휴가, 임금구성항목, 계산방법, 지불방법	기간제법 제17조
단시간근로자	근로계약기간, 근로일 및 근로일별 근로시간	기간제법 제17조
파견근로자	근로자 파견계약 내용, 파견의 대가	파견법 제26조
외국인근로자	표준근로계약서(고용노동부 제공)	고용노동부
건설근로자	사업주 사항, 근로시간·임금·고용기간, 퇴직공제 가입·장소, 종사업무	건고법 제6조

(출처 : 인사노무 급여관리 실무, 미래와경영)

서면 명시 및 교부 의무 위반 시 벌칙

사용자는 근로자 임금과 관련한 임금의 구성항목·계산방법·지급방법 및 소정 근로시간, 휴일, 연차유급휴가의 사항이 명시된 서면을 근로자에게 교부해야 한다(근기법 제17조 제2항).

또한 사용자는 작성일자를 기재하고 서명·날인하여 근로자에게 교부하여야 한다. 특히 근로계약 체결 시 뿐만 아니라 근로조건의 변경 시에도 근로자의 요구와 관계없이 교부해야 한다. 만약 사용자가 서면 명시 및 교부 의무를 위반하면 벌금, 과태료 등의 벌칙이 주어질 수 있다.

관련 법령	벌칙
근기법 제17조, 연소근로자(근기법 제67조 제3항)	벌금 500만원 이하
기간제 및 단시간 근로자 보호 등에 관한 법률	과태료 500만원 이하
파견근로자 보호 등에 관한 법률	1,000만원 이하 과태료, 300만원 이하 과태료

기간제 근로계약서의 경우 근로계약서는 작성하였으나 근로조건 서면 명시를 누락한 경우 서면명시사항 1개호당 30~50만원의 과태료가 부과된다.

기간제법 제17조(근로조건 서면명시)	과태료(1차)
근로계약기간에 관한 사항	50만원
근로시간·휴게에 관한 사항	30만원
임금의 구성항목·계산방법 및 지불방법에 관한 사항	50만원
휴일·휴가에 관한 사항	30만원
취업의 장소와 종사하여야 할 업무에 관한 사항	30만원
근로일 및 근로일별 근로시간	50만원

판례

고용계약서 제12조에서는 '본 계약에 명시되지 않은 모든 사항은 회사의 취업규칙 및 근로기준법에 따른다.'고 규정하고 있는 점 등을 알 수 있어 …(중략)… 이를 들어 임금의 구성항목 등에 관한 서면명시 의무를 위반한 것으로 보기는 어렵다

(대법 2006도6479, 2007. 03. 30.).

명시된 근로조건이 사실과 다른 경우

근로자는 근로계약 체결 시에 명시된 근로조건이 사실과 다른 경우에는 명시된 근로조건의 이행을 요구할 수 있다. 사용자가 명시된 근로조건을 이행하지 아니하는 경우에는 손해배상을 청구할 수 있으며 즉시 근로계약을 해제할 수 있다. 근로계약이 해제되었을 경우에는 사용자는 취업을 목적으로 거주를 변경하는 근로자에게 귀향 여비를 지급하여야 한다.

법 조문

근로기준법 제19조(근로조건의 위반)

① 제17조에 따라 명시된 근로조건이 사실과 다를 경우에 근로자는 근로조건 위반을 이유로 손해의 배상을 청구할 수 있으며 즉시 근로계약을 해제할 수 있다.

② 제1항에 따라 근로자가 손해배상을 청구할 경우에는 노동위원회에 신청할 수 있으며, 근로계약이 해제되었을 경우에는 사용자는 취업을 목적으로 거주를 변경하는 근로자에게 귀향 여비를 지급하여야 한다.

채용 내정·시용·수습

채용 내정

채용 내정이란 학교 졸업 등 일정한 조건을 정하고 입사시킨 경우에 이를 채용 내정이라고 한다. 근로기준법에는 없는 규정으로서 채용 내정에는 내정 취소라는 해약권이 유보되어 있는데, 판례를 통해 정립된 개념으로 해약권유보부 근로계약이라고 한다(대법 2000다51476, 2000.11.28.).

근로계약의 성립은 최종합격통지서, 입사서약서 제출, 신원보증서 수령, 입사 전 교육 참가, 입사일통지서 등의 행위가 있으면 근로계약관계가 성립된 것으로 본다.

채용 내정의 경우에도 근로계약이 성립된 것으로 근로자의 지위가 인정되어 사용자가 채용 내정을 취소하기 위해서는 합리적인 사유 또는 근로자의 귀책사유가 있어야 한다. 구체적으로 졸업 연기, 건강 악화로 근무 불가능, 허위 경력 기재 등을 들 수 있다. 경영 사정에 의한 사용자의 일방적인 채용 내정의 취소 또는 정식 채용의 거부는 해고에 해당되어 해고 제한의 법리가 적용된다(서울지방법원 남부지원 98가합20043, 1999. 04. 30. 선고 → 항소심 조정 성립).

판례

회사가 1997. 11월경 원고들에 대하여 채용내정통지를 함으로써 원고들과 피고 회사 사이에는 근로계약관계가 유효하게 성립되었다고 볼 것이므로 이 사건에서 원고들은 적어도 최종입사예정일인 1998. 04. 06.부터는 회사의 종업원의 지위에 있었다고 할 것이고, 회사가 원고들을 현실적으로 취업시켜 원고들이 노무를 제공하였는지 여부와는 상관없이 회사가 원고들에 대하여 한 이 사건 채용내정취소는 실질적으로 해고에 해당한다 할 것이다. 따라서 원고들이 1998. 04. 06.부터 채용내정이 확정적으로 취소된 1999. 06. 30.까지의 임금을 구하는 것은 정당하다(대법 2000다25910, 2002. 12. 10.).

시용

시용이란 일정 기간 동안 정식 근로자로서 적격성 및 본 채용 여부를 판정하기 위한 시험적 사용을 의미하는 근로자를 말한다. 이런 점에서 근로계약 체결 후에 업무수행능력을 습득하기 위하여 일정한 연수 기간을 설정하는 '수습'과는 구분할 수 있지만 현실적으로 명확히 구분하지 않고 사용하고 있다. 따라서 근로계약서에 시용 기간이 명시되어 있고 '시용 기간 중 근무 성적이 불량하거나 소질이 적합하지 않는 자는 채용을 취소할 수 있다.'라는 규정이 있어야 한다.

시용관계는 사용종속관계를 전제로 하기 때문에 근로계약으로 인정되지만 채용의 적격성이 없다고 판단되는 경우에는 본채용을 거절할 수 있는 해약권이 유보된 근로계약이다.

시용 기간이 만료되었음에도 사용자가 본채용을 위한 근로계약 체결 없이 근로자를 사실상 계속 근로시키는 경우에는 업무적격성이 없다는 이유로 본채용을 거절할 수 없다. 이런 경우에도 정식으로 채용된 경우와 마찬가지로 근로계약관계는 성립된 것으로 시용 기간 중에 있더라도 근로자의 의사에 반하여 근로계약을 일방적으로 종료한 것은 해고에 해당한다.

아울러 사용자가 본채용을 거부하는 것은 해고에 해당하므로 법 제23조에 따른 정당한 이유가 있어야 한다(인사노무 급여관리 실무, 미래와경영).

또한, 시용 기간 만료 시 본채용을 거부하는 것은 해고에 해당하므로 법 제27조 제1항에 따라 구체적인 해고 사유와 해고 시기를 서면으로 통지하여야 한다.

■ 시용 기간이 적용됨을 명시한 경우에만 시용계약으로 인정될 수 있다고 한 사안

판례

취업규칙에 신규 채용하는 근로자에 대한 시용 기간의 적용을 선택적 사항으로 규정하고 있는 경우에는 그 근로자에 대하여 시용 기간을 적용할 것인가의 여부를 근로계약에 명시하여야 하고 만약 근로계약에 시용 기간이 적용된다고 명시하지 아니한 경우에는 시용 근로자가 아닌 정식 사원으로 채용되었다고 보아야 한다(대법 99다30473, 1999. 11. 12.).

■ 시용근로자에 대한 본채용 거부에는 객관적으로 합리적인 이유가 존재하여 사회통념상 상당하다고 인정되어야 한다고 한 사안

판례

시용 기간 중에 있는 근로자를 해고하거나 시용 기간 만료 시 본계약의 체결을 거부하는 것은 사용자에게 유보된 해약권의 행사로서 당해 근로자의 업무능력, 자질, 인품, 성실성 등 업무적격성을 관찰·판단하려는 시용제도의 취지·목적에 비추어 볼 때 보통의 해고보다는 넓게 인정되나 이 경우에도 객관적으로 합리적인 이유가 존재하여 사회통념상 상당하다고 인정되어야 할 것이다(대법 2003다50580, 2005. 07. 15.).

■ 시용근로자에 대한 본채용을 거부하는 경우 구체적 사유를 기재한 서면을 근로자에게 통지하여야 한다고 한 사안

판례

근로기준법 규정의 내용과 취지, 시용 기간 만료 시 근로계약 체결 거부의 정당성 요건 등을 종합하여 보면, 시용근로관계에서 사용자가 본 근로계약 체결을 거부하는 경우에는 해당 근로자로 하여금 그 거부 사유를 파악하여 대처할 수 있도록 구체적·실질적인 거부 사유를 서면으로 통지하여야 한다고 봄이 타당하다.

원심은 그 판시와 같은 이유를 들어, 시용 기간 중인 근로자에 대하여 본 근로계약 체결을 거부하는 경우 근로기준법 제27조 규정이 정한 바에 따라 실질적인 거부 사유를 서면으로 통지하여야 함에도, 피고 보조참가인이 원고에게 단순히 '시용 기간의 만료로 해고한다.'는 취지로만 통지한 것은 절차상 하자가 있어 효력이 없다고 판단한 다음, 이와 달리 시용근로관계에는 근로기준법 제27조 규정이 적용되지 않아 본 근로계약 체결 거부 사유를 구두로 통지할 수 있고 서면통지 시에도 거부 사유를 구체적으로 기재할 필요가 없다는 피고 보고참가인의 주장을 모두 배척하였다.

앞서 본 법리와 기록에 비추어 살펴보면 원심의 이러한 판단은 정당하고, 거기에 상고 이유 주장과 같이 시용근로관계에서의 해고 내지 본 근로계약 체결 거부 절차에 관한 법리를 오해하고 판단을 누락하거나 논리와 경험의 법칙을 위반하여 자유심증주의의 한계를 벗어나는 등의 위법이 없다(대법 2015두48136, 2015. 11. 27.).

수습

수습이란 근로계약 체결 후에 업무수행능력을 습득하기 위하여 일정한 연수 기간을 설정하는 근로 형태를 말한다. 또한, 취업규칙에 수습 기간의 적용을 선택적 사항으로 규정하고 있고, 입사 당시 근로계약서에 이에 관한 내용이 없다면 수습 기간으로 볼 수 없다(인사노무 급여관리 실무, 미래와경영).

수습계약의 경우에는 근로기준법 등 노동관계법이 전면 적용되지만 수습근로자로서 3개월 미만인 자에 대하여는 동법 제26조의 해고예고 적용 대상에서 제외되며, 수습 기간과 그 기간 중 받은 임금은 평균임금 산정 기준이 되는 기간과 임금 총액에 포함하지 않는다.

또한 1년 이상의 기간을 정하여 근로계약을 체결하고 수습사용한 날부터 3개월 이내인 근로자(1년 미만의 기간을 정하여 근로계약을 체결한 근로자는 제외)에 대한 시간급 최저 임금액은 고시된 최저임금의 90%가 적용된다. 다만, 단순노무업무로 고용노동부장관이 정하여 고시한 직종에 종사하는 근로자는 제외한다.

명칭이나 계약의 형식에 관계없이 실질적으로 교육 또는 실습 목적에 맞게 학습과 체험 위주로 활용되는 경우 근로기준법 제2조 제1항 제1호의 근로자로 볼 수는 없으나, 일반근로자를 대체할 목적이거나 학습이 아닌 업무를 시키는 등 실질적인 교육의 목적을 벗어난 경우에는 근로자로 인정이 된다. 학습근로자란 근로기준법 제2조 제1항 제1호에 따른 근로자로서 학습기업의 사업주에게 고용되어 근로를 제공하면서 일학습병행을 제공받는 사람을 의미한다(일학습병행 운영 및 평가규정 제2조).

기타 법령상 채용 시 주의사항

고용정책 기본법

법 조문

제7조(취업기회의 균등한 보장)

① 사업주는 근로자를 모집·채용할 때에 합리적인 이유 없이 성별, 신앙, 연령, 신체조건, 사회적 신분, 출신지역, 학력, 출신학교, 혼인·임신 또는 병력(病歷) 등(이하 '성별등'이라 한다)을 이유로 차별을 하여서는 아니 되며, 균등한 취업기회를 보장하여야 한다.

② 고용서비스를 제공하는 자는 그 업무를 수행할 때에 합리적인 이유 없이 성별등을 이유로 구직자를 차별하여서는 아니 된다.

직업안정법

법 조문

제2조(균등처우)

누구든지 성별, 연령, 종교, 신체적 조건, 사회적 신분 또는 혼인 여부 등을 이유로 직업소개 또는 직업지도를 받거나 고용관계를 결정할 때 차별대우를 받지 아니한다.

제30조(국외 취업자의 모집)

① 누구든지 국외에 취업할 근로자를 모집한 경우에는 고용노동부장관에게 신고하여야 한다.

② 제1항에 따른 신고에 필요한 사항은 대통령령으로 정한다.

☞ 제30조 제1항을 위반하여 국외 취업 모집신고를 하지 아니한 자는 100만원 이하의 과태료를 부과함(직업안정법 제50조 제2항 제1호).

제32조(금품 등의 수령 금지)

근로자를 모집하려는 자와 그 모집업무에 종사하는 자는 어떠한 명목으로든 응모자로부터 그 모집과 관련하여 금품을 받거나 그 밖의 이익을 취하여서는 아니 된다. 다만, 제19조에 따라 유료직업소개사업을 하는 자가 구인자의 의뢰를 받아 구인자가 제시한 조건에 맞는 자를 모집하여 직업소개한 경우에는 그러하지 아니하다.

☞ 제32조를 위반하여 금품이나 그 밖의 이익을 취한 자는 5년 이하의 징역 또는 5천만원 이하의 벌금에 처함(직업안정법 제47조 제5호).

제42조(비밀보장 의무)

직업소개사업, 직업정보제공사업, 근로자 모집 또는 근로자공급사업에 관여하였거나 관여하고 있는 자는 업무상 알게 된 근로자 또는 사용자에 관한 비밀을 누설하여서는 아니 된다.

☞ 제42조를 위반하여 비밀을 누설한 자는 1년 이하의 징역 또는 1천만원 이하의 벌금에 처함(직업안정법 제48조 제4호).

남녀고용평등과 일·가정 양립 지원에 관한 법률

법 조문

제7조(모집과 채용)

① 사업주는 근로자를 모집하거나 채용할 때 남녀를 차별하여서는 아니 된다.

② 사업주는 여성 근로자를 모집·채용할 때 그 직무의 수행에 필요하지 아니한 용모·키·체중 등의 신체적 조건, 미혼 조건, 그 밖에 고용노동부령으로 정하는 조건을 제시하거나 요구하여서는 아니 된다.

☞ 제7조를 위반하여 근로자의 모집 및 채용에서 남녀를 차별하거나, 여성 근로자를 모집·채용할 때 그 직무의 수행에 필요하지 아니한 용모·키·체중 등의 신체적 조건, 미혼 조건 등을 제시하거나 요구한 경우 500만원 이하의 벌금에 처함(남녀고용평등과 일·가정 양립지원에 관한 법률 제37조 제4항 제1호).

■ 모집과 채용에서 남녀차별 해당 여부 판단기준

모집과 채용에 있어서 남녀차별 해당 여부는 구체적인 사례에 따라 판단하여야 하나 대체적으로 다음과 같은 경우는 차별에 해당한다고 판단한다.

① 특정성(여성 또는 남성. 이하 동일)에게는 전적으로 모집·채용의 기회를 주지 아니하는 경우

② 직종별로 남녀를 분리 모집하거나 성별로 채용 예정 인원을 배정함으로써 특정 직종에 특정성의 채용 기회를 제한하는 경우

③ 특정성에 대하여만 배우자나 보호자의 취업동의서 또는 보증 등을 요구하는 경우

④ 모집·채용에 있어 남성 또는 여성만을 가리키는 직종의 명칭을 사용하는 경우(다만, 여자 또는 남자를 배제하는 것이 아님이 분명한 경우는 제외)

⑤ 학력·경력 등 자격이 같음에도 불구하고 특정성을 다른 성보다 낮은 계급 또는 직위에 모집·채용하는 경우

⑥ 남녀가 동일자격임에도 특정성을 불리한 고용 형태로 채용하는 경우(예 : 여성만을 비정

규직으로 채용)

⑦ 특정성의 채용 기회를 제한할 목적으로 직무수행상 반드시 필요하지 아니한 채용조건을 부과한 경우

⑧ 면접·구술시험의 경우 객관적인 기준에 의하지 아니하고 특정성을 불리하게 대우함으로써 특정성의 채용 기회를 제한하는 경우

⑨ 기타 근로자의 모집 및 채용에 있어서 남녀에게 평등한 기회를 주지 아니한 것으로 인정되는 경우

(출처 : 고용노동부, 2015.03.)

고용상 연령차별금지 및 고령자고용촉진에 관한 법률

법 조문

제4조의4(모집·채용 등에서의 연령차별 금지)

① 사업주는 다음 각 호의 분야에서 합리적인 이유 없이 연령을 이유로 근로자 또는 근로자가 되려는 사람을 차별하여서는 아니 된다.

1. 모집·채용
2. 임금, 임금 외의 금품 지급 및 복리후생
3. 교육·훈련
4. 배치·전보·승진
5. 퇴직·해고

② 제1항을 적용할 때 합리적인 이유 없이 연령 외의 기준을 적용하여 특정 연령집단에 특히 불리한 결과를 초래하는 경우에는 연령차별로 본다.

☞ 제4조의4 제1항 제1호를 위반하여 모집·채용에서 합리적인 이유 없이 연령을 이유로 차별한 사업주는 500만원 이하의 벌금에 처함(고용상 연령차별금지 및 고령자고용촉진에 관한 법률 제23조의3 제2항).

제12조(사업주의 고령자 고용 노력의무)

대통령령으로 정하는 수 이상의 근로자를 사용하는 사업주는 기준고용률 이상의 고령자를 고용하도록 노력하여야 한다.

☞ 고령자 : 만 55세 이상인 사람(시행령 제2조)

장애인 고용촉진 및 직업재활법

법 조문

제5조(사업주의 책임)

① 사업주는 장애인의 고용에 관한 정부의 시책에 협조하여야 하고, 장애인이 가진 능력을 정당하게 평가하여 고용의 기회를 제공함과 동시에 적정한 고용관리를 할 의무를 가진다.

② 사업주는 근로자가 장애인이라는 이유로 채용·승진·전보 및 교육훈련 등 인사관리상의 차별대우를 하여서는 아니 된다.

제28조(사업주의 장애인 고용 의무)

① 상시 50명 이상의 근로자를 고용하는 사업주(건설업에서 근로자 수를 확인하기 곤란한 경우에는 공사 실적액이 고용노동부장관이 정하여 고시하는 금액 이상인 사업주)는 그 근로자의 총수(건설업에서 근로자 수를 확인하기 곤란한 경우에는 대통령령으로 정하는 바에 따라 공사 실적액을 근로자의 총수로 환산한다)의 100분의 5의 범위에서 대통령령으로 정하는 비율(이하 "의무고용률"이라 한다) 이상에 해당(그 수에서 소수점 이하는 버린다)하는 장애인을 고용하여야 한다.

☞ 의무고용률 : 2019년 이후 1천분의 31

제33조(사업주의 부담금 납부 등)

① 의무고용률에 못 미치는 장애인을 고용하는 사업주(상시 50명 이상 100명 미만의 근로자를 고용하는 사업주는 제외한다)는 대통령령으로 정하는 바에 따라 매년 고용노동부장관에게 부담금을 납부하여야 한다.

국가유공자 등 예우 및 지원에 관한 법률

법 조문

제31조(채용시험의 가점 등)

① 취업지원 실시기관이 그 직원을 채용하기 위하여 채용시험을 실시하는 경우에는 그 채용시험에 응시한 취업지원 대상자의 점수에 다음 각 호의 구분에 따라 만점의 10% 또는 5%를 가점(加點)하여야 한다.

제33조의2(기업체 등의 우선고용 의무 등)

① 제30조 제2호에 해당하는 취업지원 실시기관은 전체 고용인원의 3% 이상 8% 이하의 범위에서 대통령령으로 정하는 대상업체별 고용비율 이상으로 취업지원 대상자를 우선하여 고용하여야 한다.

☞ 제30조 제2호에 해당하는 취업지원 실시기관 : 일상적으로 하루에 20명 이상을 고용하는 공·사기업체 또는 공·사단체(다만, 대통령령으로 정하는 제조업체로서 200명 미만을 고용하는 기업체는 제외)

제34조(보훈특별고용)

① 국가보훈처장은 제33조의2에 따른 고용비율에 미달한 업체 등에 그 업체 등이 고용할 사람을 선택할 수 있도록 대통령령으로 정하는 바에 따라 취업지원 대상자를 복수로 추천하여야 한다.

② 제1항에 따라 취업지원 대상자를 복수로 추천받은 업체 등은 대통령령으로 정하는 바에 따라 추천받은 사람 중에서 고용할 사람을 선택하여 국가보훈처장에게 통보하여야 한다.

③ 국가보훈처장은 다음 각 호의 구분에 따라 취업지원 대상자를 대통령령으로 정하는 바에 따라 업체 등에 고용할 것을 명할 수 있다.

☞ 제34조 제3항에 따라 고용할 것을 명하였으나 정당한 사유 없이 이에 따르지 아니한 자에게는 1천만원 이하의 과태료를 부과한다(제86조 제1항).

제36조(차별대우 금지)

① 취업지원 실시기관은 이 법에 따른 취업자(신규로 채용된 자를 포함한다. 이하 같다)에 대

하여 직급의 부여·보직(補職)·승진·승급(昇給) 등 모든 처우에서 채용의무에 따라 채용한 것을 사유로 다른 직원보다 불리한 대우를 하여서는 아니 된다.

② 국가보훈처장은 취업지원 실시기관이 제1항을 위반하여 이 법에 따른 취업자에게 차별 대우를 한 것으로 인정되면 그 시정을 요구할 수 있다.

③ 제2항에 따라 시정을 요구받은 취업지원 실시기관은 이에 따른 시정조치를 하여야 하며 그 결과를 국가보훈처장에게 통보하여야 한다.

☞ 제36조 제2항에 따른 시정요구를 따르지 아니한 자는 300만원 이하의 과태료를 부과한다(제86조 제2항 제3호).

개인정보보호법

법 조문

제15조(개인정보의 수집·이용)

① 개인정보처리자는 다음 각 호의 어느 하나에 해당하는 경우에는 개인정보를 수집할 수 있으며 그 수집 목적의 범위에서 이용할 수 있다.

☞ 제15조 제1항을 위반하여 개인정보를 수집한 자에게는 5천만원 이하의 과태료를 부과(제75조 제1항 제1호).

② 개인정보처리자는 제1항 제1호에 따른 동의를 받을 때에는 다음 각 호의 사항을 정보주체에게 알려야 한다. 다음 각 호의 어느 하나의 사항을 변경하는 경우에도 이를 알리고 동의를 받아야 한다.

☞ 제15조 제2항을 위반하여 정보주체에게 알려야 할 사항을 알리지 아니한 자에게는 3천만원 이하의 과태료를 부과(제75조 제2항 제1호).

제16조(개인정보의 수집 제한)

① 개인정보처리자는 제15조 제1항 각 호의 어느 하나에 해당하여 개인정보를 수집하는 경우에는 그 목적에 필요한 최소한의 개인정보를 수집하여야 한다. 이 경우 최소한의 개인정

보 수집이라는 입증책임은 개인정보처리자가 부담한다.

② 개인정보처리자는 정보주체의 동의를 받아 개인정보를 수집하는 경우 필요한 최소한의 정보 외의 개인정보 수집에는 동의하지 아니할 수 있다는 사실을 구체적으로 알리고 개인정보를 수집하여야 한다.

③ 개인정보처리자는 정보주체가 필요한 최소한의 정보 외의 개인정보 수집에 동의하지 아니한다는 이유로 정보주체에게 재화 또는 서비스의 제공을 거부하여서는 아니 된다.

제16조 제3항을 위반하여 재화 또는 서비스의 제공을 거부한 자에게는 3천만원 이하의 과태료 부과(제75조 제2항 제2호).

제18조(개인정보의 목적 외 이용·제공 제한)

① 개인정보처리자는 개인정보를 제15조 제1항 및 제39조의3 제1항 및 제2항에 따른 범위를 초과하여 이용하거나 제17조 제1항 및 제3항에 따른 범위를 초과하여 제3자에게 제공하여서는 아니 된다.

제18조 제1항을 위반하여 개인정보를 이용하거나 제3자에게 제공한 자 및 그 사정을 알면서도 영리 또는 부정한 목적으로 개인정보를 제공받은 자는 5년 이하의 징역 또는 5천만원 이하의 벌금에 처함(제71조 제2호)

② 제1항에도 불구하고 개인정보처리자는 다음 각 호의 어느 하나에 해당하는 경우에는 정보주체 또는 제3자의 이익을 부당하게 침해할 우려가 있을 때를 제외하고는 개인정보를 목적 외의 용도로 이용하거나 이를 제3자에게 제공할 수 있다.

제18조 제2항을 위반하여 개인정보를 이용하거나 제3자에게 제공한 자 및 그 사정을 알면서도 영리 또는 부정한 목적으로 개인정보를 제공받은 자는 5년 이하의 징역 또는 5천만원 이하의 벌금에 처함(제71조 제2호).

③ 개인정보처리자는 제2항 제1호에 따른 동의를 받을 때에는 다음 각 호의 사항을 정보주체에게 알려야 한다. 다음 각 호의 어느 하나의 사항을 변경하는 경우에도 이를 알리고 동의를 받아야 한다.

제18조 제3항을 위반하여 정보주체에게 알려야 할 사항을 알리지 아니한 자에게는 3천만원 이하의 과태료를 부과(법 제75조 제2항 제1호).

제21조(개인정보의 파기)

① 개인정보처리자는 보유기간의 경과, 개인정보의 처리 목적 달성 등 그 개인정보가 불필요하게 되었을 때에는 지체 없이 그 개인정보를 파기하여야 한다. 다만, 다른 법령에 따라 보존하여야 하는 경우에는 그러하지 아니하다.

☞ 제21조 제1항을 위반하여 개인정보를 파기하지 아니한 자에게는 3천만원 이하의 과태료를 부과함(제75조 제2항 제4호).

② 개인정보처리자가 제1항에 따라 개인정보를 파기할 때에는 복구 또는 재생되지 아니하도록 조치하여야 한다.

③ 개인정보처리자가 제1항 단서에 따라 개인정보를 파기하지 아니하고 보존하여야 하는 경우에는 해당 개인정보 또는 개인정보파일을 다른 개인정보와 분리하여서 저장 · 관리하여야 한다.

☞ 제21조 제3항을 위반하여 개인정보를 분리하여 저장·관리하지 아니한 자에게는 1천만원 이하의 과태료를 부과(제75조 제3항 제1호).

제24조의2(주민등록번호 처리의 제한)

① 제24조 제1항에도 불구하고 개인정보처리자는 다음 각 호의 어느 하나에 해당하는 경우를 제외하고는 주민등록번호를 처리할 수 없다.

1. 법률·대통령령·국회규칙·대법원규칙·헌법재판소규칙·중앙선거관리위원회규칙 및 감사원규칙에서 구체적으로 주민등록번호의 처리를 요구하거나 허용한 경우
2. 정보주체 또는 제3자의 급박한 생명, 신체, 재산의 이익을 위하여 명백히 필요하다고 인정되는 경우
3. 제1호 및 제2호에 준하여 주민등록번호 처리가 불가피한 경우로서 보호위원회가 고시로 정하는 경우

PART 11

채용 노무관리 FAQ

고등학생 채용 시 주의할 사항

Q 회사에서 3개월 정도 아르바이트 형식으로 고등학교 3학년 학생을 채용하려고 하는데 어떻게 해야 하나요?

A 근로기준법 제66조(연소자 증명서)에는 '사용자는 18세 미만인 자에 대하여 그 연령을 증명하는 가족관계기록사항에 관한 증명서와 친권자 또는 후견인의 동의서를 사업장에 갖추어 두어야 한다.'고 규정하고 있으므로 미성년자 취업동의서 등을 받아서 보관하되, 근로기준법 제69조(근로시간)에 의거, 18세 미만인 자의 근로시간은 1일 7시간, 1주 35시간을 초과하지 못합니다.

현장실습생으로 고등학생 채용 시 주의할 사항

Q 회사에서는 실습(교육)의 의미보다 단순 노동을 원해 고등학생 현장실습생을 채용하려고 합니다. 근로계약과 4대보험은 체결할 예정인데 3개월 수습기간 평가 후 현장실습 진행이 가능한가요? 그리고 현장실습 후 정규직 또는 계약직으로 전환하지 않아도 되나요?

A 일경험 수련생이란 실습생, 견습생, 수습생 또는 인턴 등 그 명칭에 상관없이 교육 또는 훈련을 목적으로 사업 또는 사업장에서 일(업무)을 경험하는 자를 말하며, … <생략> … 일경험 수련생이 사실상 근로를 제공하는 경우에는 노동법적 보호 대상인 근로자로 볼 수 있습니다(고용노동부, 일경험 수련생 보호 가이드라인, 2016. 02. 01.). 가이드라인에 따르면 '다. 교육·훈련내용이 지나치게 단순·반복적인 것이어서 처음부터 노동력의 활용에 그 주된 목적이 있다고 볼 수 있는 경우' 근로자로 보게 되는 것입니다.

따라서 근로자로 볼 가능성이 높기 때문에 일반근로자와 동일하게 최저임금

이상 급여를 지급해야 됩니다. 아울러, 수습기간도 설정이 가능하며 현장실습 종료 후에 정규직 또는 계약직으로 전환하지 않아도 됩니다.

공개 채용 시 인근 지역명을 특정해서 우대한다고 공고

Q 회사에서 공개 채용을 하면서 채용공고문에 인근 지역주민(특정지역 ○○구) 우대와 같이 특정 지명을 명시해도 법적으로 문제가 없을까요?

A 고용정책기본법 제7조(취업기회의 균등한 보장) 제1항에 의거, 출신 지역 등을 이유로 차별하여서는 아니 된다고 명시되었기 때문에, 특정 지명보다 '인근 거주자 우대'라고 적는 것이 2019년도 7월 17일 시행한 채용절차법 취지에 부합해 보입니다.

국가보훈특별고용 관련 기존에 채용한 보훈대상자의 의무고용 비율 포함 여부

Q 회사의 법정 국가보훈대상자 의무고용인원은 2명입니다. 국가보훈대상자 채용현황 신고 시 직원 1명이 누락돼서 1명의 미채용인원에 대한 보훈특별고용예고서를 통보받았습니다. 직원 중에 보훈대상자가 있는지 알아보니 1명이 있어서 법정고용인원을 충원하였다고 했으나, 보훈청에서 기존에 채용한 보훈대상자가 취업지원대상자에 해당하는지 검토한 후 1명은 그 당시 취업지원대상자가 아니기 때문에 보훈 채용으로 인정할 수 없다고 하였습니다. 법정고용인원으로 인정받을 수 있는 방법이 있나요?

A 국가보훈특별고용은 기업체에 보훈 가족의 우선 채용을 명령하는 제도입니다. 회사 내 보훈대상자로 재직 중인 경우에도 입사 시 관할 보훈청에 신고하지

않았으면 법정고용인원으로 인정을 받지 못합니다. 따라서 기존에 재직 중인 보훈대상자를 퇴사시키고 재입사하는 방법으로 관할 보훈청에 의무고용신청서를 제출하는 것으로 법정고용인원을 충족시켜야 합니다. 또한, 채용공고를 통한 입사 시 주의할 점은 채용 전에 보훈대상자가 취업보호대상자 증명서를 발급받아야 하며, 제출처에 회사 이름이 들어가야 합니다. 국가보훈처는 보훈특별고용명령을 이행하지 않는 기업에 대해 과태료를 기존 500만원에서 1,000만원으로 상향하는 내용으로 개정된 국가유공자법이 시행되었습니다(2018.06.).

수습기간 3개월의 의미

Q 수습기간 3개월이라는 말이 입사한 날로부터 90일이 경과했을 경우에 3개월이 끝났다고 보는 것인지요? 아니면 3개월, 즉 7월 5일 입사했으면 10월 5일이 만으로 3개월은 한 것으로 보는 것인지요?

A 7월 5일 입사자의 경우 3개월의 수습기간을 부여한 경우 10월 4일에 수습이 만료됩니다.

달력 기간 계산에 관한 것은 민법 제160조를 참조하면 됩니다.

민법 제160조(역에 의한 계산)

① 기간을 주, 월 또는 연으로 정한 때에는 역에 의하여 계산한다.

② 주, 월 또는 연의 처음으로부터 기간을 기산하지 아니하는 때에는 최후의 주, 월 또는 연에서 그 기산일에 해당한 날의 전일로 기간이 만료한다.

③ 월 또는 연으로 정한 경우에 최종의 월에 해당일이 없는 때에는 그 월의 말일로 기간이 만료한다.

수습기간 퇴사는 해고인지 퇴사인지 여부

Q 회사에서 수습기간 종료 전에 좋지 않은 평가를 받은 근로자에게 퇴사를 요청했습니다. 퇴사 사유가 해고인가요? 권고사직인가요? 아니면 자발적 퇴사인가요?

A 본채용 거부 시 해고에 해당하며, 아래 관련 판례를 중심으로 판단하면 됩니다.

판례 및 행정해석

■ 사용자가 정식채용을 전제로 하여 근로자를 채용함에 있어 수습기간 등 시용기간을 설정하는 것은 확정적인 근로관계를 맺기에 앞서 당해 근로자의 직업적 능력이나 업무적격성의 유무 등을 판단하기 위하여 확정적인 근로계약의 체결 여부를 어느 정도 유보하는 것이기는 하나, 이와 같은 경우에도 어디까지나 정식으로 채용된 경우와 마찬가지로 근로계약관계는 성립한 것이므로, 그 시용기간 중이나 기간 경과 후에 정식채용을 거절하는 것은 사용자에게 유보된 해약권의 행사로서 해고에 해당한다(서울행법 2008구합15701, 2008.09.26.).

■ <중략> … 원고가 근무태도, 업무수행능력, 직장 내의 부조화 등 고용에 적합하지 않다고 판단한 피고회사가 원고를 정식 사원으로 채용하기를 거부하는 의미에서 해고시킨 조치는 본래 수습기간을 두는 목적 및 위와 같은 조치에 이르게 된 경위에 비추어 객관적으로 합리적이며, 사회통념상 상당하다고 수긍할 수 있어 정당한 사유가 있다고 할 것이므로, 위 해고는 무효라고 할 수 없다(서울지법 98가합7863, 1998.10.22.).

■ 사용자가 수습기간 2개월이 만료되지 않았음에도 근로자에 대한 수습계약 종료를 통보한 것은 해고에 해당한다 할 것이고 해고의 통보를 서면이 아닌 구두로 한 것은 근로기준법 위반으로 부당해고에 해당하나 이 사건 근로자와 사용자 사이의 수습계약기간이 2개월이고 이 사건 사용자가 동 계약 종료 후 본 채용 여부를 결정하기로 하였음을 분명히 고지하였으며 비록 그 기간이 종료되기 이전이라 하더라도 사용자가 본 채용 거절의 의사를 분명히 하였는바, 사회통념상 시용 또는 수습근로자에 대한 본 채용 거절 사유 등에

대하여 사용자의 재량권을 폭 넓게 인정하고 있음(중노위 2010부해1480, 2011.03.02.).

■ 수습 중인 이 사건 근로자를 해고함에 있어 해고사유와 해고시기를 서면으로 통지하지 않아 해고의 절차를 위반한 이 사건은 해고사유의 정당성을 살필 필요도 없이 부당해고이다(중노위 2008부해518, 2008.09.24.).

■ <중략> … 수습사용기간 중에 근로자가 정당한 이유 없이 수차례에 걸쳐 근무지를 이탈하였다면 사용자가 근로계약을 해지하는 경우 그것을 부당해고라고 단정하기는 어려울 것으로 사료되나, … <중략> … 사용자가 일방적으로 근로계약을 해지하는 행위인 해고는 근로계약의 당사자인 사용자의 권한으로 볼 수 있다(근로기준팀-4040, 2006.08.04.).

수습기간 후 채용을 원하지 않을 경우 조치 방법

Q 현재 경력직원을 채용하였고, 수습기간을 적용하였습니다. 계약서 조항에 '신규 채용된 직원은 입사일로부터 1개월간은 수습기간을 거치며 수습기간 만료 후 평가 결과에 의해서 정식으로 채용 여부를 결정한다.'라고 명시되어 있고, 업무능력도 부족하며 근무태도도 불량해서 정직원으로 채용을 하지 않으려고 합니다. 권고사직으로 처리가 되는 건가요?

A 본채용 거부(해고) 등의 기준을 정하였다면 수습기간 연장 및 본채용 거부를 할 수 있습니다. 다만, 구체적이고 타당한 사유 없이 해고한 경우에는 근로자가 부당해고 구제신청을 제기할 수 있기 때문에 수습평가서류 등을 준비해야 하며, 4대보험 상실신고 시 근로자의 귀책사유로 인한 권고사직 등의 코드를 입력해야 합니다.

실무적으로는 입사 시 수습평가안내서에 서명을 받아놓고, 추후 정규직 본채용 거부통지서와 함께 사직원을 제출받아 놓으면 리스크가 없습니다. 또는 입사

시에 단기계약을 체결하고 수습기간 종료 전 정규직 임용 평가를 해서 정규직 계약서 여부를 판단하면 됩니다. 이렇게 할 경우 퇴사 시에는 단기계약기간 만료가 되는 것입니다.

Q 채용 취소 시 금전적 보상 여부

6월 18일 면접을 보고 다음 날인 19일 전화로 최종합격 통보를 받았습니다. 입사 결정을 하고 당일 저녁까지 통보해달라는 말을 했고, 가족들과 상의 후 입사하겠다고 회사에 전화를 했는데, 회사 관계자는 알았다는 대답과 동시에 다음 날인 20일 메일로 입사 관련해서 안내드릴 사항을 보내주겠다고 말했습니다. 그러나 20일 입사 안내를 해주겠다는 그날에 전화로 저의 입사가 취소되었고, 전산 오류 등의 이유로 다른 분이 입사하게 된다는 통보를 받았습니다. 저는 이날 합격통보를 받고서는 이미 다니고 있던 회사를 퇴사한 상태로 피해를 보았습니다.

A 정식발령 전의 채용내정의 경우도 정당한 이유 없이 일방적으로 취소할 경우 부당해고책임이나 손해배상책임을 물을 수 있는 경우가 있으며, 사용자는 취업 예정일부터 채용내정 취소 시까지 임금을 지급하여야 합니다. 최종합격 통보 후 입사 취소에 대한 손해배상청구가 가능합니다. 서류 및 면접 합격 통보메일, 전화 기록, 문자 내역 등으로 최종합격 입증에 대한 증빙은 가능할 것으로 보입니다.

대법원 판례를 보면 '회사의 모집공고를 청약의 유인으로, 응모자의 응모를 청약으로, 채용내정을 승낙으로 해석함으로써 근로계약이 체결된 것으로 보며, 최종합격통지를 한 채용내정통지는 근로계약의 승낙의 의사표시를 한 것으로 보아야 한다. 임금청구권은 채용내정의 취소, 즉 해고와 관계없이 당연히 발생하는 권리이므로 사전에 이에 관해 부제소합의를 하였거나 또는 그 기간 동안의 임금청구권을 포기한 것으로 볼 수 없다(대법 2000다25910, 2002.12.10.).'고 하였습니다. 따라서 채용내정취소의 통지는 해고에 해당하며, 근로기준법 제28조(부당해고 구제신청)에 의거 사업장 소재지 관할 지방노동위원회에 부당해고 구제신청이 가능합니다.

또한 채용내정 상태에서 상당 기간 지나도록 채용하지 않은 후 채용을 취소하였다면 그 기간에 대한 금전적 손해배상은 회사를 상대로 민사상의 손해배상을 청구할 수 있습니다(서울지법 2002나40400, 2003.08.27.).

입사 당시와 입사 후 학력이 달라질 때 경력 산정

Q 회사에서 학위 취득을 명한 것은 아니고, 학점은행제 이수로 인해 입사 6개월차에 학력이 대졸로 변경되었습니다. 이러한 경우 회사 내규에는 관련된 규정이 없는 관계로 진급 연차 산정 시에 입사한 기준 그대로인지요? 아니면 변경시점부터 인정해주는지요?

A 기업 규모 및 상황에 따라 다르겠지만 일반적으로 재직 중에 학위를 취득하여 최종학력이 변경된 경우 승진이나 처우 등에 반영하는 것은 보기 드문 경우에 해당합니다. 학력과 경력산정기간이 중복돼서 재직 중에 학위 취득에 대해 직급 연차 산정 시 반영해준다면 또 다른 문제점이 나올 수 있기 때문입니다. 이러한 경우 승진포인트제도 등을 통해 가점항목으로 반영하는 수준 정도입니다.

입사 시 교육기간이 입사일자기간에 포함되는지 여부

Q 회사에서는 입사교육을 시행하고 있으며 누구나 1일 교육을 받아야 출근이 가능합니다. 그리고 첫 출근을 하면 근로계약을 하고 있습니다. 근로계약서 작성 시 입사교육을 받은 날짜가 아니라 첫 출근하는 날짜로 입사일자를 적고 있

습니다. 입사교육을 받은 날은 별도 교육비 항목으로 지급합니다(최저시급 적용). 입사교육도 첫 출근으로 보고 입사일자를 정하면 되는 것인지, 아니면 첫 출근하는 날짜를 입자일자로 정하면 되는 것인지요?

A 입사교육도 근로시간인 출근으로 보고 입사일자에 포함해야 합니다.

행정해석

- 교육이 사용자의 지시에 의해 이루어지고 근로자가 이를 거부할 수 없으면 그 시간을 근로시간으로 볼 수 있음(한국경영자총협회-근로시간단축가이드북, 2018.06.).
- 직원들에게 교육이수의무가 없고, 사용자가 교육 불참을 이유로 근로자에게 어떠한 불이익도 주지 않는다면 이를 근로시간으로 볼 수는 없을 것임. 아울러, 사용자가 동 교육에 근로자의 참석을 독려하는 차원에서 교육수당을 지급하였다고 하여 근로시간으로 인정되는 것은 아님(근로개선정책과-798, 2013.01.25.).

Q 주 3일 야간 파트타이머 채용 시 급여와 법정수당

파트타이머로 1명을 채용해서 주 3일 야간 10시~익일 7시까지(휴게 1시간) 근무 예정입니다. 시급이 만원일 경우 어떤 항목에 얼마를 지급해야 하나요?

A

- 일급 : 80,000원(10,000원 × 8시간) 오후 22시~익일 7시 기준
- 야간근로수당 : 35,000원(10,000원 × 7시간 × 0.5배) 오후 22시~익일 6시 (휴게시간 1시간)
- 주휴수당 : 48,000원(10,000원 × 4.8시간[= (8 × 3 × 4) ÷ 20일]) 주 3일 기준

신입사원 채용 시 개인정보수집 및 활용 동의서 수취

Q 회사에서 신입사원 채용을 위해 입사지원서를 받으려고 합니다. 개인정보를 얻기 위해서 지원자의 동의를 받아야 하나요?

A 고유식별정보 및 민감정보를 제외하고 채용을 위해 필요한 최소한의 개인정보에 관하여는 동의 없이 수집할 수 있습니다(개인정보보호 가이드라인, 2015.12.).

※ 고유식별정보 : 주민등록번호, 운전면허번호, 여권번호, 외국인등록번호

※ 민감정보 : 사상·신념, 노동조합·정당의 가입·탈퇴, 정치적 견해, 건강, 성생활 등에 관한 정보, 유전정보, 범죄경력자료에 해당하는 정보 등

※ 최소한의 개인정보

- 지원자 확인 및 연락에 필요한 개인정보 : 이름, 전화번호, 주소
- 지원자의 직무수행능력을 평가하는 데 필요한 개인정보 : 학력, 성적, 자격사항 (채용 예정 직위의 직무수행을 위해 학력, 경력, 자격이 요구되는 경우)

관련 법령	개인정보 보호법 제15조(개인정보의 수집·이용) 제1항 제4호, 위반 시 5천만원 이하의 과태료

채용 전 종교, 병력, 범죄 관련 정보 등의 수집 여부

Q 신입사원을 채용하기 전에 지원자의 종교, 병력, 범죄 관련(성범죄 경력 조회 용도) 정보 등을 수집하려고 하는데 동의를 받아야 하나요?

A 민감정보는 수집하는 것이 원칙적으로 금지되어 있습니다. 반드시 필요하다면 지원자로부터 별도의 동의를 받아야 합니다. 또한, 동의를 받을 때는 개인정보를 수집하고 이용하려는 목적이 무엇인지, 수집하려는 개인정보가 무엇인지, 개인정보를 언제까지 보유하고 이용할 것인지, 동의를 거부할 수 있다는 점과

동의를 하지 않은 경우 어떤 불이익이 있는지 알려줘야 합니다(개인정보보호 가이드라인, 2015.12.).

관련 법령	• 개인정보 보호법 제22조(동의를 받는 방법) 제1항, 위반 시 1천만원 이하의 과태료 • 동법 제23조(민감정보의 처리 제한) 및 제24조(고유식별정보의 처리 제한) 제1항, 위반 시 5년 이하 징역 또는 5천만원 이하 벌금

채용 전형 시 동의 없이 주민등록번호 수집 가능 여부

Q 채용 전형 단계에서 입사지원서에 주민등록번호 기재를 요청해도 상관없나요?

A 일반적으로 채용 지원 단계에서 전형에 필요 없는 개인정보(본적, 주민등록번호 등)는 채용 전형을 위해서 수집할 수 없으며, 채용이 결정된 후 법령이 구체적으로 주민등록번호의 처리를 요구하거나 허용한 경우에만 수집 및 처리가 가능합니다.

※ 법령 근거에 따른 고유식별정보 수집 예시 : 연말정산을 위해 소득세법에 따른 주민등록번호 수집

※ 다만, 채용 결정 후 사용자가 근로자 의무보험 또는 국민연금 등을 처리해야 할 법령상의 의무이행을 위해 관련 법률에 따라 제공해야하므로 수집 가능하고, 이때 근로자의 동의는 불필요

주민등록번호 처리 가능 사유

① 법령에서 구체적으로 주민등록번호의 처리를 요구하거나 허용한 경우

② 정보 주체 또는 제3자의 급박한 생명, 신체, 재산의 이익을 위하여 명백히 필요하다고 인정되는 경우

③ 위 2개 사유에 준하여 주민등록번호 처리가 불가피한 경우로서 행정자치부령으로 정하는 경우

관련 법령	개인정보 보호법 제24조의2(주민등록번호의 처리의 제한), 위반 시 2년 이하의 징역 또는 2천만원 이하의 벌금, 3천만원 이하의 과태료

신원조회 위해 관련 기관에 개인정보 제공 시 별도 동의 여부

Q 입사지원자의 신원조회를 위해 관련 기관 등에 지원자의 개인정보를 제공하려고 합니다. 동의를 받아야 하나요?

A 입사지원자에게 별도의 동의를 받아야 합니다.

관련 법령	• 개인정보 보호법 제18조(개인정보의 이용·제공 제한) 제1항 및 제2항, 위반 시 5년 이하 징역 또는 5천만원 이하 벌금 • 같은 법 제18조 제3항 위반 시, 3천만원 이하의 과태료

입사지원자 학력과 자격 정보 수집 시 동의 여부

Q 채용 직무 특성상 지원자의 학력과 자격 정보가 필요합니다. 채용 전형 단계에서 지원자들의 동의를 받아야 하나요?

A 채용 전형 실시를 위해 필수 정보가 아니라면 별도의 동의를 받아야 합니다.

다만, 채용 예정 직무의 특성상 학력과 자격이 반드시 요구되는 경우라면 입사 지원자의 동의 없이 수집할 수 있습니다. 그러나 단순노무직과 같이 학력이나 자격증이 요구되지 않는 직무라면 관련 개인정보는 채용계약 체결을 위한 필수 정보라고 할 수 없습니다(개인정보보호 가이드라인, 2015.12.).

관련 법령	개인정보 보호법 제15조(개인정보의 수집·이용) 제1항 제4호, 위반 시 5천만원 이하의 과태료

자체 제작한 채용 사이트에서 탈락자 개인정보 계속 보관 시 동의 여부

Q 회사에서 자체 채용 사이트를 구축해서 입사지원자를 받고 있습니다. 탈락한 후보자의 개인정보까지 일정 기간 보관하려는데 동의가 필요한가요?

A 입사지원서 접수 시 지원자에게 보존기간 및 목적을 알리고 별도의 동의를 받아야 합니다. 사용자는 채용 과정이 종료되면 탈락자의 개인정보를 지체 없이 5일 이내에 삭제하는 것이 원칙입니다. 다만, 인재 DB 구축을 위해 상시 채용을 하는 경우 필요한 기간을 명시하고 정보 주체의 별도 동의를 받아 보관할 수 있습니다. 이 경우에도 정보 주체가 삭제를 요구하는 경우 지체 없이 삭제하여야 합니다(개인정보보호 가이드라인, 2015.12.).

관련 법령	• 개인정보 보호법 제15조(개인정보의 수집·이용) 제1항, 위반 시 5천만원 이하의 과태료 • 같은 법 제21조(개인정보의 파기) 제1항, 위반 시 3천만원 이하의 과태료

입사 후 근로자 건강 정보 수집, 이용 시 동의 여부

Q 관련 법령에 따라 재직자의 건강검진 등을 위해 별도의 동의를 받아야 하나요?

A 산업안전보건법이나 진폐의 예방과 진폐근로자의 보호 등에 관한 법 등 관련 법령에 따라 직원의 건강 보호, 유지 목적으로 사용할 경우 별도의 동의가 필요 없습니다. 건강 정보는 민감 정보로서 그 처리를 허용 요건 가운데 어느 하나에 해당하는 경우에 한하여 수집·이용할 수 있으므로 해당 근로자의 별도 동의를 받아 건강 정보를 수집·이용할 수 있습니다(개인정보보호 가이드라인, 2015.12.).

관련 법령	• 산업안전보건법 제43조(건강진단) • 진폐의 예방과 진폐근로자의 보호 등에 관한 법률 제16조(건강진단 결과의 제출 등) • 개인정보 보호법 제23조(민감정보의 처리 제한), 위반 시 5년 이하 징역 또는 5천만원 이하 벌금

직원 복지를 위한 가족 정보 필요 시 동의 여부

Q 직원의 결혼기념일, 생일 등 경조사를 위해 가족 개인정보가 필요합니다. 복지 차원에서 필요한데 직원 가족의 동의를 받아야 하나요?

A 가족수당 제공, 자녀 학자금 지원 등을 통해 근로자에게 복리후생을 제공하는 것은 법령상 의무를 수행하기 위한 것으로 가족으로부터 개인정보 수집에 대한 동의를 받을 필요 없습니다. 이 경우 반드시 복지 제공에 필요한 최소한의 정보만을 수집하여야 합니다. 다만, 주민등록번호를 제외한 고유식별정보를 수집하게 되는 경우에는 가족으로부터 별도의 동의를 받아야 하며, 주민등록번호를 수집할 때에는 법령에 구체적으로 근거가 있어야 합니다(개인정보보호 가이드라인, 2015.12.).

관련 법령	• 개인정보 보호법 제15조(개인정보의 수집·이용) 제1항 제4호 • 개인정보 보호법 제24조(고유식별정보의 처리 제한) 제1항, 위반 시 5년 이하 징역 또는 5천만원 이하 벌금 • 개인정보 보호법 제24조의2(주민등록번호의의 처리 제한) 제1항, 위반 시 3천만원 이하의 과태료

계약직 채용공고 시 계약기간 입력 여부

Q 회사에서 계약직 몇 년, 정규직 연장 검토 등 이런 식으로 채용공고를 내도 가능한가요?

A 채용 사이트에 채용공고를 올릴 때 주의할 사항이 있습니다. 채용절차법 제4조(거짓채용광고 등의 금지) 제1항에 '구인자는 채용을 가장하여 아이디어를 수집하거나 사업장을 홍보하기 위한 목적 등으로 거짓의 채용 광고를 내서는 아니 된다.'라는 규정이 있습니다.

직업안정법 제34조 및 동법 시행령 제34조에서도 허위 구인광고를 하거나 허위의 구인 조건을 제시하여서는 안 된다고 규정하고 있습니다. 또한, 구인자가 제시한 채용 직종(직급), 고용형태 및 기간, 직무 내용 등 근로조건이 응모할 때의 그것과 현저히 다른 광고가 되지 않으면 됩니다. 동 규정 위반에 대해서는 동법 제47조 제5호에 의거 처벌규정을 두고 있습니다.

아울러, 채용공고는 근로계약에 있어 청약 그 자체가 아닌 단순한 청약의 유인에 불과합니다.

판례

■ 근로계약서상의 기간이 이 사건 공고상의 계약기간과는 상이하나, 계약의 체결에 있어 청약의 의사표시는 이에 대한 승낙만 있으면 곧 계약이 성립될 수 있을 정도로 그 내용이

구체적·확정적이어야 할 것인데, 이 사건 공고의 주체, 공고 내용 등을 고려하면, 이 사건 공고는 근로계약에 있어 청약 그 자체가 아닌 단순한 청약의 유인에 불과하다고 할 것이어서 위 공고에 기재된 계약기간 등에 관한 내용이 그대로 이 사건 근로계약의 내용이 되었다고 볼 수 없다(서울행법 2011구합21324, 2011.11.10.).

채용 서류 반환 요청에 따른 처리 여부

Q 채용이 종료되고 탈락자한테서 채용 서류 반환 요청이 들어왔습니다. 구인자가 지불하는 것이 원칙이나 구인자는 대통령령으로 정하는 범위 내에서 반환소요비용을 구직자에게 부담하게 할 수 있다고 되어 있는데, 회사는 우편접수를 하고 있어서 처리하기가 난감합니다. 어떻게 해야 하나요?

A 우편접수보다 인터넷 등을 통하여 전자적 방법(홈페이지 또는 전자우편 등)으로 채용 접수 등을 하게 되면 채용 관리·운영에 효율적이며, 폐기 등에 따른 부담도 줄어 사회적·경제적 비용을 상당히 줄일 수 있습니다. 따라서 채용이 되지 않은 구직자가 채용 서류 반환을 청구하는 상황을 사전에 예방하기 위한 조치가 필요합니다.

다만, 채용 서류가 '홈페이지 또는 전자우편으로 제출된 경우'나 '구직자가 구인자의 요구 없이 자발적으로 제출한 경우'에는 구직자가 반환청구할 수 없으며, 구직자의 반환청구에 대해 구인자가 반환할 의무도 없습니다(동법 제11조 제1항 단서).

채용절차법 제11조(채용 서류의 반환 등) 제5항에 의거 '제1항에 따른 채용 서류의 반환에 소요되는 비용은 원칙적으로 구인자가 부담한다. 다만, 구인자는 대통령령으로 정하는 범위에서 채용 서류의 반환에 소요되는 비용을 구직자에게 부담하게 할 수 있다.'라고 되어 있습니다.

관련 법규

■ 채용절차법 시행령 제5조(채용 서류 반환의 비용부담)

② 구인자가 법 제11조제5항 단서에 따라 채용 서류의 반환에 소요되는 비용을 구직자에게 부담하게 하려는 경우에는 채용 여부가 확정되기 전까지 구직자에게 채용 서류 반환에 필요한 비용을 입금할 수 있는 금융기관의 계좌를 지정하여 통지하여야 한다. 다만, 구직자의 신청에 따라 「우편법 시행령」 제29조에 따른 수취인 부담으로 발송하는 경우에는 그러하지 아니하다.

채용절차법에 따른 채용 서류 바로 폐기 여부

Q 채용이 완료되었고 합격자 통보까지 끝났습니다. 채용 서류를 언제까지 보관해야 하나요? 바로 폐기하는 건지요?

A 1. 구인자의 채용 서류 보관

채용절차법 제11조(채용 서류의 반환) 제3항에 '구인자는 제1항에 따른 구직자의 반환 청구에 대비하여 대통령령으로 정하는 기간 동안 채용 서류를 보관하여야 한다. 다만, 천재지변이나 그 밖에 구인자에게 책임 없는 사유로 채용 서류가 멸실된 경우 구인자는 제1항에 따른 채용 서류의 반환 의무를 이행한 것으로 본다.'라고 규정하고 있습니다. 구직자가 법 제11조에 따른 채용 서류의 반환을 청구하지 않은 경우 '구직자가 채용 서류의 반환을 청구할 수 있는 기간'까지 보관하여야 합니다.

여기서 구직자가 채용 서류의 반환을 청구할 수 있는 기간으로 '채용 여부가 확정된 날부터 14일에서 180일 사이의 기간 중에 구인자가 정하여 구직자에게 통보한 기간'을 말하며, 구인자가 특수취급우편물을 통하여 전달하는 경우에는 채용 서류를 첨부한 '특수취급우편물의 발송일까지' 또는 '구직자에게 전달한 시점까지'가 보관기간이 됩니다.

2. 미반환 채용 서류의 파기

구인자는 대통령으로 정한 반환의 청구기간이 지난 경우 및 채용 서류를 반환하지 아니한 경우에는 개인정보 보호법에 따라 채용 서류를 파기해야 합니다(법 제11조 제4항).

■ 반환의 청구기간이 지난 경우

- 반환의 청구기간 내에 구직자가 채용 서류에 대한 반환 청구를 하지 않아 반환의 청구기간이 지난 경우로, 여기서 '반환의 청구기간'은 구인자가 채용 여부가 확정된 날부터 14일에서 180일 사이의 기간 중에 일정 기간을 정하여 구직자에게 통보한 경우 그 기간임.

■ 채용 서류를 반환하지 아니한 경우

- 법 제11조 제1항의 단서 규정에 따라, 홈페이지 또는 전자우편으로 제출된 경우나 구직자가 구인자의 요구 없이 자발적으로 제출한 경우에 해당하여 구인자가 채용 서류를 반환하지 아니 한 경우를 말함.
- 이 경우 언제까지 파기하여야 한다는 기간은 이 법에서 규정하고 있지 않으나, 『개인정보 보호법』에서 '개인정보처리자는 보유기간의 경과, 개인정보의 처리 목적 달성 등 그 개인정보가 불필요하게 되었을 때에는 지체 없이 그 개인정보를 파기'하도록 규정(제21조 제1항)하고, 개인정보보호 가이드라인에서 지체 없이 '5일 이내'로 안내하고 있는 점으로 볼 때, 채용 여부가 확정되면 확정된 채용대상자를 제외한 구직자의 채용 서류는 지체 없이(5일

이내)에 파기하여야 할 것임(출처 : 채용절차의 공정화에 관한 법률 업무 매뉴얼, 고용노동부).

- 인재의 수시 선발 등을 위해 탈락자의 개인정보 보관·이용이 필요한 경우, 기간을 정하여 당사자로부터 별도 동의를 받아야 함.

입사지원자가 제출한 개인정보의 진위 확인 방법

Q 입사지원자가 제출한 개인정보의 진위 확인이 필요합니다. 어떻게 해야 하나요?

A 증명서의 진위 확인이 필요하다면 해당 증명서 발급기관에 발급번호 확인을 통하여 증명서의 진위 확인을 하면 됩니다. 발급번호(코드번호 등)을 통한 증명서의 진위 확인은 개인정보처리에 해당하지 않으므로 정보주체의 동의가 필요 없습니다.

관련 법령	개인정보 보호법 제26조(업무위탁에 따른 개인정보의 처리 제한) 제1항, 위반 시 1천만원 이하의 과태료

입사지원자의 논문, 저서 등의 정보를 인터넷 수집 시 동의 여부

Q 입사지원자가 제출한 논문, 저서 등의 경우 인터넷을 통해 수집하려고 하는데 동의가 필요한가요?

A 불특정 다수가 열람할 수 있는 사이트 등에 공개된 개인정보의 수집·이용에 대해서는 동의받을 필요는 없습니다. 언론, 온라인 도서관, 인물DB 등 정당한 절차에 따라 개인정보를 공개하는 웹사이트에서 개인정보를 수집·이용하는 것은 동의가 필요하지 않습니다. 이 경우에도 해킹 등 부당한 방법으로 수집하여

공개한 개인정보임이 확실시 되는 경우에는 수집·이용할 수 없습니다.

관련 법령	• 표준 개인정보보호 지침 제6조(개인정보의 수집) 제4항 • 개인정보 보호법 제59조(금지행위) 제2호, 제3호 • 위반 시 5년 이하 징역 또는 5천만원 이하 벌금

- <인사노무 급여관리 실무>, 이민석·이경복, 미래와경영
- <인사노무 지식 백과사전 I, II >, 이민석·이경복, 미래와경영
- 100대 기업이 원하는 인재상, 대한상공회의소·고용노동부, 2018
- 2019국감 재시험·성희롱…심평원 허술한 채용관리 도마, 국회 보좌관 연루 의혹도, http://news.khan.co.kr/kh_news/khan_art_view.html?art_id=201910141721001, 경향신문
- 4차산업혁명 대정부 권고안, 4차산업혁명위원회, 2019.10.10.
- <90년생이 온다>, 임홍택, 웨일북
- 개인정보보호 가이드라인, 행정안전부·고용노동부, 2012.08.
- 고용률 지표, 통계청
- 고용브랜드 가치를 높여라, LG주간경제, 2003
- 고용브랜드에 대한 인식유형이 기업 구직태도에 미치는 영향에 관한 연구 : 대학생 구직자의 인식을 중심으로, 이만재·김유경·이효복·임현찬, 한국광고학회, 2016
- 공공기관 블라인드 채용 가이드라인, 관계부처 합동, 2017.07.
- <구글의 아침은 자유가 시작된다>, 라즐로 복, 알에이치코리아
- 구조화 면접유형과 투명성이 왜곡행동과 지원자 반응에 미치는 영향, 송영일, 2013
- 구조화된 면접양식과 전통적 면접양식에서 지원자의 매력도가 면접결과에 미치는 영향에 관한 연구, 이광희·박상진, 2000
- 국가교육통계센터
- 국민연금 전주이전 3년여 운용전문가 107명 짐쌌다, https://www.mk.co.kr/news/economy/view/2019/09/694619/, 매일경제신문
- 규모별 임금 및 근로시간, 통계청
- 기업의 채용선발도구로서 인적성검사와 NCS직무능력평가에 관한 비교연구, 배성숙, 2018
- 기업채용관행실태조사, 대한상공회의소, 2016
- 김난도 교수가 분석한 밀레니얼 세대 키워드 8가지, https://brunch.co.kr/@amandaking/103, brunch
- <나는 아마존에서 미래를 다녔다>, 박정준, 한빛비즈
- <다시, 사람에 집중하라>, 댄 쇼벨, 예문아카이브
- 대졸초임 5400만원 시골기업 가보니 옥상엔…, https://news.joins.com/article/10020931, 중앙일보
- 도시지역 개별입지 공장 현황, 통계청
- <머니볼>, 마이클 루이스, 비즈니스맵
- 면접구조화가 면접의 신뢰성과 타당성에 미치는 영향에 관한 연구, 박상진·황규대, 인사조직연구 8(2) pp.93~110, 2000

- 면접양식과 면접자, 지원자 행동유형이 면접결과에 미치는 영향에 관한 연구 11(2) pp.107~132, 박상진·황규대, 한국노사관계학회
- <변화 리더의 조건>, 피터 드러커, 청림출판
- 블라인드 채용 청년 구직자 인식·실태조사, 한국직업능력개발원, 2018.12.
- 블라인드 채용확산을 위한 직무(능력) 중심 채용가이드북, 고용노동부·한국산업인력공단, 2019
- 블라인드채용법 시행 1년 후 구직자들 평가는?, https://www.jobkorea.co.kr/goodjob/tip/view?News_No=18224&schCtgr=, 2020.08.18.
- 빅카인즈
- <사업은 사람이 전부다>, 마쓰시타 고노스케, 중앙경제평론사
- <생각에 관한 생각>, 대니얼 카너먼, 김영사
- 서울서 가까워야 인재 확보 반도체 클러스터 입지 유력해지는 용인, https://www.hankookilbo.com/News/Read/201902171509780521, 한국일보
- 서울시 사업체 현황 통계
- 선발용 인성검사의 형식이 응답왜곡에 미치는 효과: Normative, Ipsative, Hybrid 형식의 비교, 김상범, 호서대학교 석사학위논문, 2010
- <세종의 수성리더십>, 박현모, 삼성경제연구소
- 아마존 제2본사 주요 선정 기준은 '인재확보', https://www.fnnews.com/news/201811141518561865, 파이낸셜뉴스
- <얼라이언스>, 리드 호프먼, 한국경제신문사
- <연구원은 무엇으로 사는가>, 유진녕·이성만, 미래의창
- 연도별 외국인유학생수, 한국교육개발원
- 유연근무제 활용 형태, 통계청
- <인재로 승리하라>, 램 차란·도미닉 바튼·데니스 캐리, 행복한북클럽
- <인재망상>, 토마스 차모로, 인간희극
- 인지능력과 성격이 직무성과에 미치는 결합효과(joint effects)에 관한 연구, 신호철·양병화, 조직과 인사관리연구 제37집 제1권 pp.1~29, 2013
- 입사하면 아파트 주고 휴가비 500만원…이 회사 어디야?, https://news.mt.co.kr/mtview.php?no=2020061611384865326, 머니투데이
- 장래인구특별추계 : 2017~2067년, 통계청
- <잭 웰치의 마지막 강의>, 잭 웰치, 알프레드
- 첫 일자리 그만둔 사유, 통계청
- 첫 직장 근속기간, 통계청
- 채용 인·적성검사의 현재와 미래, 조희정·민현정, 취업진로연구, 1(1) pp.101~126, 2011
- <채용과 선발의 심리학>, 로버트 우드·팀 페인, 시그마프레스
- 채용방식과 채용 후 직무태도의 관련성에 관한 연구, 정범구·이재근, 인적자원개발연구, 2002

- 채용절차의 공정화에 관한 법률 업무 매뉴얼, 고용노동부, 2015.03.
- 채용혁신기업에서 배우는 인재선발방식, LG경제연구원, 2020.03.26.
- <책문>, 김태완, 현자의마을
- 청년구직자 취업준비 실태, 이태민 외, 대통령직속 청년위원회
- 청년실업률은 왜 상승하는가?, 최경수, KDI
- 청년층 고용·노동통계 및 실태조사, 김유빈·이영민, 한국노동연구원, 2018.08.
- 청년패널조사로 본 한국의 청년노동시장-청년패널조사 10주년 특별보고서, 한국고용정보원, 2017.12.
- <초격차>, 권오현, 쌤앤파커스
- 취업시간대별 취업자, 통계청
- 코로나 쇼크, 채용은 언감생심… 기업 3곳 중 1곳 하반기도 불투명, http://info.incruit.com/pr/report_view.asp?newsno=4438024, 인크루트
- <타격의 과학>, 테드 윌리엄스, 이상미디어
- 통계로 보는 사회보장 2019, 보건복지부
- <파워풀>, 패티 맥코드, 한국경제신문사
- 편견 없는 채용·블라인드 채용 실태조사 및 성과분석 최종보고서, 한국산업인력공단
- <프로페셔널의 조건>, 피터 드러커, 청림출판
- 한국 인력채용 방식의 특성 분석 연구, 한국산업인력공단, 2016.12.
- 한국기업의 채용평가와 직무성과의 관계성에 관한 사례 분석, 이재영·엄재근, 국제지역학회, 국제지역연구 20권 4호 pp.163~184, 2016
- 한국청소년정책연구원
- 호텔 직원의 개인-환경 적합성이 직무만족과 고객지향성에 미치는 영향, 강다헌·김민경, 관광연구저널, 제 26권 제3호 pp.345~360, 2012
- Amazon 취업 후기 - 컨택부터 오퍼까지, https://steemit.com/kr/@asbear/amazon, steemit
- HR의 새로운 도전과제, 고용브랜드 구축, 조성일, 포스코경영연구소, 2010

- Conceptualizing and researching employer branding, Career Development International, Backhaus,K. & Tikoo,S.(2004), 9(5), pp.501~517
- Criterion-relatedvalidity of the situational and patterned behavior description interviews with organizational citizenship behavior, Latham,G.P.,Skarlicki,D.P.(1995), Human Performance, 8, pp.67~80
- Future of Jobs Survey 2018, World Economic Forum
- Future of Jobs Survey, World Economic Forum, 2016
- Future of Jobs Survey, WEF, 2020
- https://data.oecd.org/emp/hours-worked.htm
- Newswise, Work Experience Poor Predictor of Future Job Performance, https://www.newswise.com/articles/work-experience-poor-predictor-of-future-job-performance

- Structured interviewing: Avoiding selection problems, Pursell,E.D.,Campion, M.A. & Gaylord,S.R.(1980), Personnel Journal, 59, pp.907~912
- Structured interviewing:A note on incremental validity and alternative questiontypes, Campion,M. A.,Campion, J.E.& Hudson,J.P.(1994), Journal of Applied Psychology, 79, pp.998~1002
- The changing task composition of the us labor market, MIT, 2013
- www.talentsmoothie.com